U0113758

本著作获西安财经大学科研处和文学院学术著作出版资助

殷墟甲骨
卜辞文例研究

刘新民　章念 ◎著

中国社会科学出版社

图书在版编目（CIP）数据

殷墟甲骨卜辞文例研究/刘新民，章念著．—北京：
中国社会科学出版社，2022.11
ISBN 978 - 7 - 5227 - 0739 - 6

Ⅰ.①殷… Ⅱ.①刘…②章… Ⅲ.①甲骨文—研究
Ⅳ.①K877.14

中国版本图书馆 CIP 数据核字（2022）第 150094 号

出 版 人　赵剑英
责任编辑　安　芳
责任校对　张爱华
责任印制　李寡寡

出　　版　中国社会科学出版社
社　　址　北京鼓楼西大街甲 158 号
邮　　编　100720
网　　址　http://www.csspw.cn
发 行 部　010 - 84083685
门 市 部　010 - 84029450
经　　销　新华书店及其他书店

印　　刷　北京明恒达印务有限公司
装　　订　廊坊市广阳区广增装订厂
版　　次　2022 年 11 月第 1 版
印　　次　2022 年 11 月第 1 次印刷

开　　本　710×1000　1/16
印　　张　24.5
字　　数　409 千字
定　　价　136.00 元

凡　　例

一、本书中《甲骨文合集》一律简称为《合》，《甲骨文合集补编》一律简称为《补》。

二、表示片号时，先写《合》或《补》，再加数字，最后加"正"或"反"，"正"就是正面，"反"就是背面。例如：《合》×××正，就表示《甲骨文合集》中第×××片正面。另外，"甲""乙""丙"表示缀合的碎片编号。

三、甲骨片的释文主要参考《甲骨文合集释文》《殷墟甲骨刻辞摹释总集》《甲骨文合集补编（释文）》《甲骨文校释总集》》《殷墟甲骨文摹释全编》几种书相互参照，但是并不完全照搬。由于本书主要研究对象是文例，采用宽式释文。

四、甲骨卜辞的排列顺序，尽量与《甲骨文合集释文》《甲骨文合集补编（释文）》的顺序保持一致，有的地方不一致，是为了文章叙述分类的方便。另外，在对贞与重复对贞的排列形式中，默认人的正常思维方式是先肯定问，后否定问，实际情况可能不一定是这样。胛骨中"同向下"，只是说明正负的排列形式是上正下负，实际刻写并不一定是从上到下，胛骨的刻写一般是先下后上。另外，有的残辞，可以根据文例补出的，在释例中已经补出。其中用"〔　〕"表示补出的部分。其刻辞中缺字，用"…"号代替。

五、由于篇幅所限，本书引用的部分甲骨图片，进行了适当缩小。比较大的甲骨片，如果只引用其中一部分卜辞，为了节省篇幅，就采用截图的形式，只截取其中有关的一部分，在图片附近标注"局部"二字。为了甲骨文的清晰，本书对部分图片进行了一些放大、亮度等处理。

六、从系统性的角度考虑，为了保持文例系统的完整性，未发现的类型也将其列出,加注"未发现",有的可能真的没有,有的可能是甲骨片的破碎消失,有的可能是阅读甲骨片时有疏漏,等待以后发现了再补加上去。

七、有的例子和图片在本书中不只出现一次,为了不累赘,文中这类图片就只引用一次。其中重复的例子后加以说明该图"图见第×章第×节"。

八、由于文中有图片,考虑到排版的问题,所以有的地方会出现空白,或空几行的情况。

九、照顾到排版的问题,有的例子和图片尽管是第一次引用,却要向后查找。

目　　录

下编　殷墟甲骨第二至五期卜辞文例研究

绪　　论

一　研究课题的产生

自 1899 年殷墟甲骨文发现以来，如何读懂甲骨片上的刻辞，就成为一个问题，一直困扰着甲骨学界。一方面，在阅读甲骨片的过程中，甲骨学界总结出了一些阅读的方法和卜辞刻写布局的规律；另一方面，用总结出的方法和规律阅读甲骨片上的刻辞时又遇到了很多新的问题。

要读懂甲骨刻辞上的内容，既要从刻写的文字及卜辞的行款形式入手，逐步弄懂刻辞的内容和刻辞与刻辞之间的关系，又要从内容出发，逐步弄明白卜辞刻写布局的形式规律。但是，甲骨刻辞的内容和形式与后世文献材料的内容和形式有很大的不同，其具体情况很复杂，不是一下子就可以完全弄明白的，需要一个很长的探索和研究过程。

刻辞内容与刻辞形式之间的关系究竟怎样？一种刻辞内容怎样用某种刻辞形式来表现？一种刻辞形式又怎样来表现某种刻辞内容？怎样才能更快捷、更准确地读懂甲骨刻辞？对这些问题的探讨和研究逐渐形成了甲骨学界的一项研究课题——文例研究。

20 世纪末（1999 年），李学勤先生提出了 21 世纪"甲骨学"研究的七个课题：文字的研究、卜法文例的研究、缀合排谱的研究、礼制的研究、地理的研究、非王卜辞的研究、西周甲骨的研究。卜法文例的研究是七个课题中的一个子课题。本书在这种学术背景中，在参与探讨和解决卜法文例问题的过程中而产生。

二 对几个基本术语的界定与探讨

（一）甲骨刻辞的类型

《甲骨学一百年》指出，甲骨刻辞主要包括占卜刻辞；记事刻辞；表谱刻辞；仿习刻辞。[①]

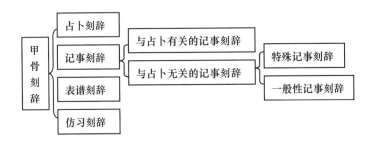

占卜刻辞，主要指在卜用龟甲和牛肩胛骨等胛骨上所刻写的占卜记录。

记事刻辞有两类：一类是与占卜有关的记事刻辞；另一类是与占卜无关的记事刻辞。与占卜有关的记事刻辞，是专署甲骨卜材的前期准备之事的刻辞，如卜材的来源、甲骨的贡纳、整治及检视者、签名者等。主要有甲桥刻辞、甲尾刻辞、背甲刻辞、骨臼刻辞、骨面刻辞。与占卜无关的记事刻辞，包括特殊记事刻辞和一般性记事刻辞。特殊记事刻辞，大抵属于铭功旌纪或颁事信凭意义的书刻文字，主要有人头骨刻辞、虎骨刻辞、兕骨刻辞、兕头骨或牛头骨刻辞、鹿头骨刻辞、牛距骨刻辞、牛胛骨刻辞、骨符等。一般性记事刻辞，大多是日常社会生活行事的记录，有鹿角器、骨笄、骨刀、骨匕刻辞等。

表谱刻辞，主要有"干支表""祀谱""家谱"等，起备览查阅之用。

仿习刻辞，大都是初学习刻者练习刻字、仿刻卜辞或练习契刻技法留下的记录，有少数是熟练刻工（可以看作当时的老师）留下的示范之

---

① 王宇信、杨升南：《甲骨学一百年》，社会科学文献出版社 1999 年版，第 239 页。

刻，混杂在习刻文字或仿刻卜辞之间。"习刻"的内容不定，凡卜辞、记事、干支表等均有。

（二）什么是甲骨文例

王宇信《甲骨学通论》给甲骨文例下的定义如下："刻辞在甲骨上的刻写部位（即分布情况）及行款（左行、右行，或左、右转行），是有一定规律的，这就是甲骨文例。甲骨文例包含两种类型，一种是卜辞文例（及一些较为特殊的文例）；一种是非卜辞的记事文例。认识和掌握甲骨文例的基本知识，对我们正确识读布满一版大龟（或兽骨）上的刻辞内容及认识它们之间的内在联系是很有必要的。"①

每一种刻辞，都有其相应的文例形式，甲骨文例包括占卜刻辞文例（以下简称"卜辞文例"）、记事刻辞文例、表谱刻辞文例、仿习刻辞文例。但是由于卜辞是殷墟甲骨文的主体，数量占绝大多数，后三类刻辞数量较少，且刻写形式比较简单，所以甲骨文例研究，主要是指卜辞文例研究。卜辞文例是甲骨文例中最复杂且数量最多的部分。

（三）什么是卜辞文例

《甲骨学一百年》指出："卜辞文例，在甲骨学上的约定意义为占卜文辞与占卜载体的结合关系之表象，专指卜辞在卜用甲骨上所刻写的辞例形式、地位、行款走向的习惯格式和分布规律等等。"② 该书对甲骨文例研究成果进行了总结，指出："其成果主要在两方面：一为卜辞文例的定位研究；二为同文卜辞与同套卜辞的研究。"③

（四）卜辞文例研究与卜法研究、文法研究的区别和联系

卜法研究包括占卜程式、占卜制度、占卜源流、甲骨的来源和卜材的整治等。

《甲骨学一百年》指出："……甲骨文也是中国古代汉语的祖型，汉

---

① 王宇信：《甲骨学通论》，中国社会科学出版社 1993 年版，第 131 页。
② 王宇信、杨升南：《甲骨学一百年》，社会科学文献出版社 1999 年版，第 258 页。
③ 王宇信、杨升南：《甲骨学一百年》，社会科学文献出版社 1999 年版，第 258—266 页。

语文法所内括的文理、文势及句法、语法乃至修辞诸规律之生成，在甲骨文中已初见端倪，欲研究汉语文法史的初始，探索其语法的早期特点和追溯汉语历史的发展演变状况，舍第一手最早的语言材料甲骨文则难得其真。甲骨文文法主要以甲骨卜辞为研究对象，兼及其他一些记事刻辞，但数量有限，故甲骨文文法，通常即指卜辞语法，内容包括卜辞中的词类、构词法、句型、语法等等。"①

在过去的研究中，"卜法""文例""文法"三个词，有时前两者结合，有时后两者结合，《甲骨文献集成》中用的是"卜法文例"，《中国甲骨学史》中用的是"卜法与文例"，《甲骨学一百年》中用的是"文例文法"，可见，文例与卜法、文法之间的关系非常密切。

通过卜法研究、文法研究，可以有助于了解当时的文例情况。反过来，通过文例研究，既可以了解当时的卜法情况，也可以帮助了解当时的文法情况。这三者既有区别又有联系，随着各自研究的深入和有机结合程度的提高，甲骨卜辞领域的研究变得日益生动、活跃。

三　卜辞文例研究的成果和现状

（一）过去一百年甲骨卜辞文例研究的成果

1898—1998 年，甲骨学界在甲骨卜辞文例研究方面取得了很大成就。《甲骨学一百年》对其成果进行了总结，指出其成果主要集中在两大方面：一为同版卜辞文例的定位研究；一为异版同文卜辞与成套卜辞的研究。

1. 同版卜辞文例的定位研究

据《甲骨学一百年》，卜辞文例的定位研究，其成果主要集中在三个方面。

第一，卜辞文例形式（主要是行款）的研究。主要成果有胡光炜先生的《甲骨文例》，该文揭出文例 32 式。

1928 年，胡光炜先生的《甲骨文例》出版，这是第一部研究卜辞文例的专著，始刊于 1928 年，后不断有增订，据《胡小石论文集三编》，

---

① 　王宇信、杨升南：《甲骨学一百年》，社会科学文献出版社 1999 年版，第 266 页。

上卷为《行式篇》（原为《形式篇》），下卷为《辞例篇》。《行式篇》专论卜辞文例，共揭出 32 式（原为 28 式），如下：

1. 单字例　　　　　　　　　　2. 单列下行例

3. 单列右行例　　　　　　　　4. 单列左行例

5. 复列右行例　　　　　　　　6. 复列左行例

7. 单复合右行例　　　　　　　8. 单复合左行例

9. 单列下行兼单右行例　　　　10. 单列下行兼单左行例

11. 单列下行兼单上行例　　　　12. 复右行兼单右行例

13. 复右行兼单左行例　　　　　14. 复左行兼单右行例

15. 复左行兼单左行例　　　　　16. 复左行兼单左行例及单右行例

17. 复左行兼复右行例　　　　　18. 上下同右行例

19. 上下同左行例　　　　　　　20. 上下背行例

21. 一方左行一方右行例（甲：左右相背者；乙：左右相同者）

22. 上行例　　　　　　　　　　23. 倒书例

24. 上下错行例　　　　　　　　25. 互倒例

26. 斜行例　　　　　　　　　　27. 沾注例

28. 疏密例　　　　　　　　　　29. 重文例

30. 合文例　　　　　　　　　　31. 反文例

32. 句转例

下卷《辞例篇》共揭出 16 式，大多讨论的是与卜辞文法有关的辞例，在此不再赘述。

《甲骨学一百年》指出："胡先生此书，在卜辞文例研究上的草创之功，实不可没，但由于受限于当时甲骨材料的不足，又仅据拓印或摹写之本而不辨甲骨真象，故用力虽勤，却不尽如人意。董作宾《商代龟卜之推测》一文指出胡光炜此书'惜材料不足以供用，而方法亦欠精密'，如其谓左右，'或即以龟为主，然实则违于习惯'。习惯上所说的腹甲之左右，是以人所面对腹甲的左右为准，故胡氏所谓左右，恰恰全应作相反理解，即左乃是右，右却是左。再者，'胡氏分类之详尽固属甚善，然一则不别常例与特例，二则纲目不清，徒使读者对于契文益增繁难之感。'"①

例如：单列下行兼单右行例（9）、单列下行兼单左行例（10）、复右行兼单右行例（12）、复右行兼单左行例（13）、复左行兼单右行例（14）、复左行兼单左行例（15）、复左行兼单左行例及单右行例（16）这些文例都是"常例＋合文"的形式，卜辞中的"兼……"，其实是合文，与第30例"合文例"重复，这几种形式可以分别将第9、10式合并到第2式，将第12、13式合并到第5式，将第14、15、16式合并到第6式。

第二，卜辞行文惯例规律的研究。主要成果有董作宾先生的《商代龟卜之推测》之第十章"书契"和《骨文例》，另外，严一萍先生的《甲骨学》（下）辑得胛骨行文形式56式，龟甲行文形式34式，共90式。

1929年，董作宾先生在《商代龟卜之推测》之第十章"书契"中，分论刻辞于龟版之文例、字例及书契方法。《甲骨学一百年》指出："董氏自己通过细察腹甲之缝（齿纹及千里路）、兆、缘（原卜龟边缘）、理（盾纹），'认其部位'，'分别排比，以求其例'，从而创出一条依卜辞所在甲骨部位推勘文例的定位研究法。他据发掘所获龟版可以确知部位的卜辞凡70片，整理而得如下公例：

中甲刻辞之中缝起，在右者右行，在左者左行。

首右甲刻辞，由右边始，左行。

首左甲刻辞，由左边始，右行。

前右甲刻辞，除前足叉之上由右边起者左行外，其余各辞一律右行。

后右甲刻辞，除后足叉之下由右边起者左行外，其余各辞一律右行。

尾右甲刻辞，由右边起，左行；但尾甲不刻辞者为多。

前左甲、后左甲，刻辞与右方对称，其左右行适相反。

---

① 王宇信、杨升南：《甲骨学一百年》，社会科学文献出版社1999年版，第259页。

　　总而言之，沿中缝而刻辞者向外，在右右行，在左左行；沿首尾之两边者而刻辞者向内，在右左行，在左右行。

　　卜辞之文例，以下行为主，因分节段，不能不有所左右；故有下行而右、下行而左之分。其单行而完全向左或向右者，则变例耳。

董氏的这一发现，远出胡光炜所论之上，总结出卜辞文例在龟甲上的行文格式特征，即使在今天看来，也是相当正确的。""……龟甲卜辞行文格式的最基本特征，已被董氏道破，亦即我们在前文所说的'迎兆卜辞'与'顺兆卜辞'。"①

1936 年《骨文例》一文，该文是董作宾根据殷墟前三次发掘所得骨版，统计分析卜辞480 余例，探讨牛胛骨上卜辞文例，而总结出的牛胛骨上卜辞的行文通例：

　　凡完全之胛骨，无论左右，缘近边两行之刻辞，在左方，皆为下行而左，间有下行及左者。在右方，皆为下行而右，亦间有下行及右行者。左胛骨中部如有刻辞，则下行而右，右胛骨中部反是，但亦有下行而右者。②

　　董氏通过定位研究法把卜辞文例在龟甲牛骨上的行文惯例一并揭示了出来，遂成为甲骨学的基本知识之一。后来胡厚宣在《甲骨学绪论》中对其进行了系统地总结归纳：

　　写刻卜辞，皆有定例。大体言之，除一部分特殊情形者外，皆迎逆卜兆刻辞。如龟背甲右半者，其卜兆向左，卜辞则右行；左半者，其卜兆向右，卜辞则左行。龟腹甲右半者，其兆向左，卜辞则右行；左半者其兆向右，卜辞则左行。惟头尾及左右两桥边缘上之卜辞，则恒由外向内，即在右者左行，在左者右行，与前例相反。牛胛骨，左骨其卜兆向右，卜辞则左行；右骨其卜兆向左，卜辞则

①　王宇信、杨升南：《甲骨学一百年》，社会科学文献出版社 1999 年版，第 259 页。
②　董作宾：《骨文例》，《董作宾先生全集》（甲编第 3 册），台北艺文印书馆 1977 年版。

右行。惟近骨白之一端，则往往两辞，由中间起，一左行，一右行，不拘前例。又龟腹甲背甲及牛胛骨，凡字多或字大者，往往不合文例，盖卜辞占地既多，情势使之然也。①

20 世纪 70 年代中，严一萍对董作宾先生提出的卜辞行文格式进行了具体论证，他据《丙编》及《甲骨缀合新编》，辑得胛骨行文形式 56 式，龟甲行文形式 34 式。这 90 式大致已集卜辞文例行文惯例之大成。

《甲骨学一百年》指出："在董氏的当时，具体到卜辞辞例的各种形式表现和某些具有个性特点的习惯书刻风格，少数卜辞的特殊形态，以至整版龟甲和牛胛骨上如有许多条卜辞，其间的系联关系又如何等问题，董氏并未能深入阐明。"②

第三，特殊形态的文例和卜辞间的系联关系的研究。主要成果有胡厚宣先生的《卜辞杂例》，该书发凡启例归纳出 28 种文例。

1939 年，胡厚宣发表《卜辞杂例》，分析大量的卜辞材料，总结出 28 种特殊文例：

1. 夺字例	2. 衍字例
3. 误字例	4. 添字例
5. 删字例	6. 删字又添字例
7. 空字未刻例	8. 疑字画圈例
9. 文字倒书例	10. 人名倒称例
11. 干支倒称例	12. 成语倒称例
13. 方国倒称例	14. 文字倒书例
15. 数字倒书例	16. 一字析书例
17. 行款错误例	18. 左右横书例
19. 追刻卜辞例	20. 两史同贞例
21. 先祖世次颠倒例	22. 多辞左右错行例

---

①　胡厚宣：《甲骨学绪论》，《甲骨学商史论丛》二集下册，齐鲁大学国学研究所专刊，1945 年。

②　王宇信、杨升南：《甲骨学一百年》，社会科学文献出版社 1999 年版，第 260 页。

23. 一辞左右兼行例　　　24. 兽骨卜辞对贞例

25. 兽骨相间刻辞例　　　26. 一辞分为两段例

《甲骨学一百年》指出："卜辞文例中还有一些省笔字或省字例，以及同辞而字体大小不同例，胡氏未提及"，"而在同版多条卜辞系联关系方面，也有一些胡氏未涉及者，比如说同版总纲式卜辞例，一版甲骨上有许多条卜辞，同卜同一事，其中只有少数一条或几条辞例完整，宛如总纲而刻于显位，其他辞例则简之又简，或正或反对贞，或自下而上刻辞相间，大多在边缘部位"。"只有把全辞与省辞两者系联起来，才能正确解读卜辞原意。"①

通过卜辞文例的研究，进而探讨殷代的文例，这方面的研究成果主要有，1962 年董作宾先生发表的《殷代文例分"常例""特例"二种说》一文，该文指出"殷代行文体例，除甲骨卜辞，为求美观，始有'对称'之'文例'，有'下行而左''下行而右'而外，一般记事文字，无一非'下行而左'者。""所谓'文例左行'者，即'下行而左'是常例。所谓'文例右行'即'下行而右'，凡是'卜辞'都为'特例'②"。这种观点纠正了"卜辞文例"就是"殷代文例"的错误观念，促使大家认识到"卜辞文例"与"殷代文例"的区别以及"卜辞文例"的特殊性。

2. 异版同文卜辞与成套卜辞的研究

1947 年，胡厚宣又发表了《卜辞同文例》一文，该文对异版甲骨同文卜辞文例展开研究，归纳出 11 种表象共 98 例：

1. 一辞同文，即异版甲骨上卜同一事情，卜辞文句全同，只是卜数不同而已，凡 48 例。其中有二卜同文、三卜同文、四卜同文、五卜同文等，每块甲骨上分别署刻一、二、三、四、五之类的卜数。

2. 二辞同文，即异版甲骨上同卜二事，但署刻的卜数则相次，凡 16 例。其中卜用甲骨之套数有二卜、三卜等。

―――――――――

① 王宇信、杨升南：《甲骨学一百年》，社会科学文献出版社 1999 年版。

② 董作宾：《殷代文例分"常例""特例"二种说》，《董作宾先生全集》（乙编第 5 册），台北：艺文印书馆 1977 年版。

3. 三辞同文，即异版甲骨上同卜三事，凡 5 例，署刻的卜数"皆二卜"。

4. 四辞同文，即异版甲骨上同卜四事，凡 2 例，署刻的卜数有二卜、三卜者。

5. 五辞同文，即异版甲骨上同卜五事，凡 1 例。

6. 六辞同文，即异版甲骨上同卜六事，凡 1 例。

7. 八辞同文，即异版甲骨上同卜八事，凡 2 例。

8. 多辞同文，即异版甲骨上均有多条卜辞，各版刻辞皆一致，凡 7 例。有二卜、三卜、四卜等。

9. 辞同序同，即异版同卜，文全同而序数异同，凡 3 例。

10. 同文异史，即异版甲骨上同卜一事而贞人各异，凡 9 例。这与前举同版两史同贞稍有不同，如《前》7·4·4"辛卯卜，争，贞勿令望乘先归"。《佚》22"辛卯卜，㲋，贞勿令望乘先归"。此即同文异史之例。

11. 同文反正，即异版甲骨上同卜一事，有的甲骨上卜辞为正问，有的为反问，凡 4 例。如《前》7·43·1"乙巳卜，亘，贞替不其受年"。《簠岁》4"乙巳卜，亘，贞替受年"。此即同文反正之例。

《甲骨学一百年》指出："胡氏此文，通过甲骨卜数和序数的系联，把卜辞文例的研究从甲骨定位研究法及同版同文卜辞系联关系的研究拓展到异版同文卜辞系联方面，也把甲骨文例的研究推进到了一个新的阶段。"[1]

"同文卜辞文例的整理，可以使许多残缺不全的卜辞互补完整。1933年，郭沫若发表过《残辞互足二例》一文，即已通过许多条同文残辞互补完整两例武丁时期重要卜辞史料。"[2] 董作宾亦曾据 6 片残辞互补得一完整全辞。1988 年，蔡哲茂撰写《甲骨文合集的同文例》，对该书中的一批同文卜辞作了整理。

---

① 王宇信、杨升南：《甲骨学一百年》，社会科学文献出版社 1999 年版，第 263 页。

② 郭沫若：《残辞互足二例》，收入《古代铭刻汇考·殷契余论》，日本东京文求堂书店石印本 1933 年版；又收入《郭沫若全集·考古编》第一卷，科学出版社 1982 年版。

"同文卜辞文例的整理，也为研究甲骨卜辞的固有系联关系和甲骨卜辞之材料整理与定位复原，以及商代卜法制度辟一新途。"20 世纪 60 年代中期，张秉权发表的《论成套卜辞》一文，正是这一方面的探索成果。

"张秉权提出的'成套卜辞'，是指甲骨上那些可以结合数条而成为一套的卜辞，即由同日一事多卜、正反对贞而连续契刻在甲骨上的序数相连、辞义相同或省略的若干卜辞所组成。一套或若干套卜辞如果契刻在若干块大小相似的甲骨的相同部位上，就是所谓'成套甲骨'，如成套腹甲、成套胛骨之类。换言之，'成套卜辞'可以在同版，也可以在异版，在异版者或又名之'成套甲骨'。武丁时的成套腹甲，通常由 5 块腹甲组成。……'成套胛骨'数，张氏没有明说，只指出《福》11 +《契》71、《前》4·24·1、《后》上 16·11、《前》4·24·2（见《合集》6197—6200），是 4 块一套的成套胛骨。按我们在本章第一节之二，则已举出多组最高数是 9 块 1 套的'成套牛胛骨'，皆属于武丁时期，武丁以后，大多已降为 3 块 1 套。成套卜辞的贞人有时不止 1 位，有 2 人共贞、3 人共贞者。"①

"成套卜辞"的认识促进了卜辞文例的深入研究。正如张秉权所指出的，成套卜辞既可以校勘异文、区别章句，还可以由繁知简，观微于著，得知辞意晦涩的卜辞的原意。另外，成套卜辞还能辨明缺笔。张秉权还指出，由于成套卜辞的发现，"使我们对于卜辞的研究，在基本观念和方法上，都有了改变"。

1972 年，李达良先生著的《龟版文例研究》，直接利用张秉权甲骨缀合成果研究卜辞文例。该书由两部分组成，上半部是"方位篇"，下半部是"文例篇"。"方位篇"主要论述卜龟之概略，刻辞之位置，行文之方向，同组辞之相对位置，与背面之相承。"文例篇"主要论述卜辞之类别，段落结构之组织，前辞之繁变，文例之省简等问题。如"方位篇"述卜龟刻辞之位置说："左右相对，两两平行，逐层用之，殆有取于对称均衡之美，此其通例也。""文例篇"论"卜辞类释例"有：一事一问的单贞、对贞、同卜一事刻数辞所问不限于正负之辞、成套卜辞、同事多卜刻二辞以上体例与成套卜辞同而序数不相连之辞等五类。对贞方面，

---

①　蔡哲茂：《甲骨文合集的同文例》，《大陆杂志》1988 年第 76 卷第 5 期。

除正负对贞者外，还有较特殊的二辞皆正或二辞皆负例。第五类卜辞中，有一正一负例，还有二正一负、二负一正例等。又如论"卜辞省文释例"，则指出有二辞相对省文、二辞以上相对省文、不同事类之相对省文、成套卜辞省文、成套腹甲省文例等，二辞相对省文和二辞以上相对省文。

《甲骨学一百年》指出："李氏书中的讨论的'方位篇'，乃是过去卜辞文例定位研究法的又一轮展开，而'文例篇'，则已在成套卜辞认识的基础上，又有了相当精细的梳理和不少新的认识。"①

"上世纪60年代末以来，还有学者专门从卜辞对贞方面研究甲骨文例者，主要有两书，一是周鸿翔著的《对贞卜辞述例》，二是朱歧祥著的《殷墟卜辞句法论稿》。前者收集了大量对贞卜辞例而结合甲骨定位分析法，进行了包括行文格式在内的系统考察。后者则以卜辞对贞句法之异同为切入点，兼及文法和用语规律，从而揭示卜辞句型的种种特征。"在文例方面，"朱氏指出，对贞形式一般是两两句组并列，间亦有三句组并衡出现。对贞的种类，由句意可分为同文对贞、异文对贞二类；由句型又可分为正反对贞、正正对贞、反反对贞三类。同文对贞中有正反句、正正句、反反句同文对贞三类；异文对贞是指同一甲骨之对应部位刻写的异事卜辞，异文对贞有正正句、反反句以及三句正辞异文对贞等"。"朱书还就对贞卜辞否定词断代研究、对贞句型变异之省文、移位、加接、复合词、类比等涉及卜辞文法的现象作了缕析。"②

《甲骨学一百年》总结道："卜辞文例的研究，大致从早先的甲骨定位分析法，进而发展到研究同版对贞及相间卜辞关系方面，随后又拓展到异版同文卜辞乃至成套甲骨系联方面。""随着卜辞文法语法研究的日益加强，卜辞文例与卜辞文法两者的有机结合，必将使这一领域的研究更为活跃、更为生动、更为引人注目。"③ 其总的发展趋势可以图示如下：

①　王宇信、杨升南：《甲骨学一百年》，社会科学文献出版社1999年版。
②　王宇信、杨升南：《甲骨学一百年》，社会科学文献出版社1999年版。
③　王宇信、杨升南：《甲骨学一百年》，社会科学文献出版社1999年版。

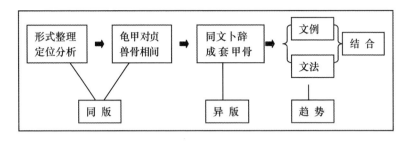

图 1　甲骨文例研究发展趋势示意图

（二）近二十多年甲骨卜辞文例研究的成果和现状

从 1999 年到 2021 年，这 22 年间，甲骨卜辞文例研究的成果主要有五个方面：

第一类，2000 年宋镇豪先生的《殷墟甲骨占卜程式的探索》一文对殷墟甲骨占卜程式探索的历程进行了回顾，并对利用民族学的调查材料，尝试复原和印证已失传的古代甲骨占卜习俗的研究进行了总结，文中对文例的研究也进行了回顾总结。

第二类，主要研究成果集中在对新近公布出版的殷墟花园庄东地甲骨刻辞的研究上，主要成果有 2005 年刘源的《论殷墟花园庄东地卜辞的行款》、2005 年张桂光先生的《花园庄东地卜甲刻辞行款略说》，2014 年孙亚冰的《殷墟花园庄东地甲骨文例研究》。另外，刘一曼、曹定云、朱歧祥等先生也对花东刻辞的行款进行了探讨。

《论殷墟花园庄东地卜辞的行款》一文，对论殷墟花园庄东地卜辞的行款规律进行了总结：卜辞基本首兆，在卜兆上方由内向外契刻，至兆干后再沿兆干外侧下行；由于卜辞字数不同，有的未至兆干即止，有的刻至兆干下方后再内行或外行；此外，相关卜兆的数量与排列方式、卜甲上卜辞条数的多寡、卜甲上可供刻字的空间等因素也会影响到卜辞的行款。了解、掌握花园庄东地卜辞行款与卜兆之间的密切关系，将有助于进一步认识王卜辞与其他非王卜辞的行款规律，对深入探讨商代后期的占卜制度也有所裨益。

《花园庄东地卜甲刻辞行款略说》一文指出，花东刻辞有别具特色的地方，其最大的特色是对兆璺的黏附。其走向大致有以下几种：1. 迎兆刻辞；2. 顺兆刻辞；3. 背兆刻辞；4. 迎兆刻辞转向；5. 顺兆刻辞转向；

6. 绕兆刻辞；7. 跨兆刻辞。该文指出，花东卜辞行款当时的主要的还是以兆为中心，整版安排的概念还比较弱。"从绕兆到圈兆再到一辞概括多兆，似乎是一个循序渐进过程，很可能代表着三个不同水平的阶段，不少学者认为花东卜辞是武丁时代并且年份偏早，看来是有道理的。"①

《殷墟花园庄东地甲骨文例研究》主要研究了殷墟花园庄东地甲骨卜辞和记事刻辞的行款形式、书契字体特点等；卜辞的结构形式；同版或异版卜辞的组合形式。宋镇豪先生在该书的序言中指出孙亚冰在书中提出了许多饶有兴味的见解。② 略举一二：

> 对花东同版龟版上的"同一条卜辞的卜兆次序"、"成套卜辞的贞卜次序"、"正反对贞卜辞的贞卜次序"作了分项研究，得出花东同版卜辞的贞卜特点与宾组王卜辞相似，即除正反对贞卜辞多左右对称、先右后左外，别的卜辞的贞卜和燋灼都比较随意，无规律可循。
>
> 对应于过去所谓"成套卜辞"、"同文卜辞"，提出并界定了"成批卜辞"的新概念。"成批卜辞"指学界过去所说的"多个回合的贞问"的卜辞，以往讨论不多，泛泛视爲"同文卜辞"，这种情况阻碍了对甲骨贞卜规律的认知，应该加以重视。

宋镇豪认为《殷墟花园庄东地甲骨文例研究》的优长，在于善于利用比较法、统计法和归纳法，借助考古类型学分析方法，以及图示图表解析法等有效研究手段。该书思路细腻，逻辑严饬，是一篇全面系统探讨花东甲骨文例的力作，已将有关研究臻至一个新的学术境地。③

第三类，主要是对殷墟王卜辞和殷墟胛骨文例的研究，主要成果有刘影《殷墟胛骨文例》（2016）、何会《殷墟王卜辞龟腹甲文例研究》（2020）。

《殷墟胛骨文例》在讨论胛骨文例时，以时间为经，以胛骨部位为

---

① 王宇信、杨升南：《甲骨学一百年》，社会科学文献出版社1999年版，第239页。
② 孙亚冰：《殷墟花园庄东地甲骨文例研究》，上海古籍出版社2014年版，第1页。
③ 孙亚冰：《殷墟花园庄东地甲骨文例研究》，上海古籍出版社2014年版，第2页。

纬，开创了研究文例的新途径。在两系各类卜辞的比较分析中，发现村中南系胛骨的"首刻卜辞"，字大而行款疏朗，是村南系卜辞所特有的，村北系卜辞未见。村中南系胛骨的骨条与骨扇也存在相间刻辞，存在"边面连读""边面对贞（或选贞）"等多种文例形式。以前一直认为村北系胛骨才存在的"边面对应"例，村南系胛骨其实也是存在的。两系各类卜辞的文例同中有异，异中有同。

《殷墟王卜辞龟腹甲文例研究》以甲骨文分期分类理论为指导，全面细致地探讨了以龟腹甲为刻写载体的各类组王卜的行款走向、版面布局、次序、首刻卜辞等诸特征，系统地论述了不同类组王卜辞龟腹甲文例间的差异及其演变规律，并将不同类组的腹甲文例特征进行比较，说明其变化之所在，揭示其变化之根由。此外，书中还结合具体实践重点讨论了文例研究的价值和作用，尤其是在缀合甲骨和校勘释文方面。

第四类，主要是对殷墟甲骨文记事刻辞的研究，代表性成果有方稚松《殷墟甲骨文五种记事刻辞研究》（2009）、《殷墟甲骨文五种外记事刻辞研究》（2021）。

《殷墟甲骨文五种记事刻辞研究》主要对甲桥刻辞、甲尾刻辞、背甲刻辞、骨臼刻辞、骨面刻辞五种记事刻辞的组类、刻写位置及特点、格式进行了研究，并对记事刻辞的性质和相关问题进行了探讨。[①]

《殷墟甲骨文五种外记事刻辞研究》研究的重点是甲骨文五种记事刻辞外的祭祀类、铭功旌纪类记事刻辞及干支表刻辞。作者对祭祀类记事刻辞中的"宜于义京"类等词义和文字进行了探讨；将铭功旌纪类记事刻辞分为小臣墙骨版刻辞、人头骨刻辞、兽头骨刻辞及骨柶类骨器刻辞几个部分，深入讨论了其中的疑难字词的含义及用法；全面梳理了干支表刻辞，指出这类刻辞的性质是刻写练习之用，可看作习刻中的一种类型。[②]

第五类：对殷墟甲骨卜辞文例的分期研究，其主成果有刘新民《殷墟甲骨第一期卜辞文例研究》[③] 和章念《殷墟甲骨第二至五期卜辞

---

①　方稚松：《殷墟甲骨文五种记事刻辞研究》，线装书局 2009 年版。

②　方稚松：《殷墟甲骨文五种外记事刻辞研究》，上海古籍出版社 2021 年版。

③　刘新民：《殷墟甲骨第一期卜辞文例研究》，西南大学，硕士学位论文，2008 年。

文例研究》。①

刘新民对殷墟第一期甲骨卜辞文例进行了详尽的研究，对卜辞类型进行更为详尽的分类，分别对对贞和重复对贞、重贞、选贞、补贞几种在甲骨卜辞中所占比例较高的卜辞进行专题研究，对第一期大版龟甲卜辞的类型和对贞类型进行统计分析，对三卜式卜辞、三角关系卜辞、三角排列的卜辞三个概念的区别和联系进行了分析，并分别对其进行专题研究，对刻写位置和卜辞之间的关系进行专题研究，对卜辞文例研究的成果进行应用研究，并对卜辞文例与商代文化、卜辞文例对后世的影响进行了研究。

章念对殷墟第二至五期甲骨卜辞文例进行了详尽的专题研究，对卜辞类型进行划分，并对第二至五期大版胛骨卜辞类型进行了统计分析，分别对重贞、对贞、选贞、补贞进行了专题研究，并分别对重贞类型、对贞类型、选贞类型在第二至五期大版胛骨中的情况作了统计分析；对多卜式卜辞进行了专题研究，其中对三卜式、四卜式以及多卜式分别进行了研究，同时对三角关系以及四角关系卜辞进行了论述，对第二至五期文例的研究成果进行了应用价值举例，利用文例规律对卜辞进行了补残、对释文和卜辞分条提出了校正意见。

（三） 甲骨卜辞文例研究的不足和尚待研究的问题

虽然在自甲骨发现以来对甲骨卜辞文例研究已经取得了丰硕的成果，但是仍然存在一些不足和尚待研究的问题。

1. 甲骨卜辞文例分期断代的研究方面，存在着一些不足之处。2000年之前的文例研究大多没有分期断代，进行断代的也只有些比较零散的研究，例如：胡厚宣先生在《卜辞同文例》一文中，就各种类型的同文举例时，采取了分期举例的方法。朱歧祥先生在《殷墟卜辞句法论稿》中，其选取了六百余版完整地对贞文例进行了分期的统计，得出结论：一期卜辞中对贞版数最多，二期趋少，至第三期又增多，至第五期中对贞句式大减。2000年之后的文例研究，大多进行了分类分组的研究，但是分期断代究仍有欠缺。分期断代与分类分组的标准和意义不同，观察

---

① 章念：《殷墟甲骨第二至五期卜辞文例研究》，西南大学，硕士学位论文，2010年。

视角不同，新发现的特点也有差异，尽管近年来学界主要用分类分组的方法进行研究，但是分期断代研究仍然有其研究的意义和必要性。

2. 甲骨卜辞的类型方面，分类有待商榷。例如，李达良把"对贞"分为"正负对贞""二辞皆正""二辞皆负"，朱歧祥把"对贞"分为"正反对贞""正正对贞""反反对贞"，其实"二辞皆正"和"正正对贞"就是同为正的"重贞"，"二辞皆负"和"反反对贞"就是同为负的"重贞"，这四种类型都是"重贞"，划归为"对贞"不太合理。

3. 有些文例研究不够深入。例如对"两正一负"和"两负一正"的研究就不够深入，而且没有把这两种类型的卜辞与"三者皆正""三者皆负"的卜辞联系起来研究。

4. 专题性的研究存在不足。过去的专题性研究，主要集中在"对贞卜辞"和"成套卜辞"方面，在其他类型的卜辞方面，专题性研究比较少。

5. 卜辞文例研究的应用研究方面存在不足。过去的文例研究主要集中在解决"如何读懂甲骨片上的刻辞"这个问题，所以文例研究的成果也主要应用在怎样读懂甲骨片上的刻辞这个方面，而对文例研究的成果在其他方面的应用研究相对不足。

6. 卜辞文例对后世的影响方面的研究，存在不足。尽管有人提出了"易卦爻辞起源于甲骨文"的说法，但是这一方面的研究还不够深入。

四　研究意义

（一）研究的学术意义

本书的研究意义如下所述：

1. 文献学的意义。①研究卜辞文例既有助于甲骨片的整理研究，也有助于甲骨文释文及研究性著作文献的校订工作；②有助于认识刻辞与刻辞之间的内在联系、刻辞形式与内容之间的关系，从而有助于准确地理解刻辞的本义。

2. 语言文字学的意义。研究甲骨卜辞文例是考释古文字的一种方法，总结文例规律，有助于古文字考释，有助于推断卜辞的残字缺辞及模糊不清的字迹，有助于推断不完整的刻辞。

3. 考古学的意义。发现文例在不同时期的特点，对甲骨文的分期断代与排谱研究以及碎片缀合的继续深入进展有十分重要的意义。

4. 历史文化的意义。研究甲骨卜辞文例对商代占卜制度的研究以及当时审美心理、思维方式、文化观念的研究都有很重要的参考借鉴意义。

（二）预期的社会价值

由于甲骨文时代距今已经有三千多年了，甲骨刻辞的刻写、排列、布局形式与今天的文献书写形式有很大的不同，其形式比较怪异、复杂。根据胡厚宣先生和孙亚冰、葛亮等学者的统计，已知出土商周刻辞甲骨的总数约 16 万片，读者如果不了解甲骨刻辞的形式体例，要读懂这么多甲骨片，则会有泥牛入海的感觉。一个普通读者如果熟悉了甲骨刻辞的刻写、排列、布局的各种怪异形式，形成一个认知模板，读起甲骨片来就会少走很多弯路，也会轻松容易得多。

所以，本书旨在有助于读者了解甲骨刻辞文献的体例，帮助读者比较准确、顺畅地阅读和理解甲骨片上的刻辞内容，特别是刻辞数量较多的大版龟甲及大块胛骨。

五 本书研究的范围和内容

（一）本书研究的范围

本书主要对《甲骨文合集》《甲骨文合集补编》中的卜辞文例进行研究。

表1　　　　　　　　殷墟甲骨各期片数及比例　　　（单位：片、%）

	第一期	第二期	第三期	第四期	第五期	总计
《合集》	23970	4734	5241	3615	4396	41956
《合补》	7053	1808	1761	570	2258	13450
合计	31023①	6542	7002	4185	6654	55406
百分比	56	11.8	12.6	7.6	12	100

① 包括《合集》一期 19753 片，一期附 2783 片，摹本一期 1338 片，一期附 96 片，《合集》补编中一期 6543 片，一期附 411 片，摹本一期 89 片，一期附 10 片。

（二）本书研究的内容

本书的研究主要包括以下几个方面：

1. 卜辞的类型研究，包括基本类型和复杂类型。

2. 卜辞文例专题研究，对重贞、对贞、选贞暨补贞四种在甲骨卜辞类型中所占比例较高的卜辞类型进行专题研究，其内容包括卜辞的对称与不对称、正负关系、布局位置、行款方向等；另外对多卜式卜辞进行专题研究，包括三卜式卜辞、四卜式卜辞、多卜式卜辞以及三角关系、四角关系的研究。

3. 对第一期大版龟甲卜辞的类型和对贞卜辞的类型统计分析，对两种主要甲骨卜辞类型对贞和重复对贞的排列形式进行专题研究；对第二至五期大版胛骨卜辞类型进行统计分析，并分别对重贞类型、对贞类型、选贞类型在第二至五期大版胛骨中的情况作统计分析。

4. 卜辞文例研究成果的应用研究。

5. 通过文例所反映出来的商代占卜制度、思维方式、文化观念、审美心理的探讨。

6. 甲骨卜辞文例对后世的影响，卜辞文例与《周易》八卦暨六十四卦的比较研究。

六　本书研究的思路和方法

（一）思路和方法

1. 对殷墟甲骨卜辞文例进行分期断代的研究，梳理每一期卜辞文例的形式、规律和特点，在研究中，重点研究过去甲骨学界研究得不足的地方和尚待研究的问题，力图有所突破和创新。

2. 逐片阅读甲骨原片（拓片等），对其文例进行分类、归纳、比较、总结，探究其类型、规律。

3. 分若干专题，每一个专题尽量从不同角度对其进行研究。

4. 注意吸收甲骨学各个分支学科以及相关学科的研究方法，例如参考借鉴古文字学、文献学、考古学、数学、美学的研究方法进行研究。

5. 对甲骨卜辞文例研究的成果进行应用研究，并加以例证，以使本研究成果能在学术研究中和人们的学习生活中发挥作用。

（二）研究中应注意的问题

1. 在研究中，尽量从原材料中得出观点和结论。

2. 在研究中注意吸取前人的研究成果，同时注重新的研究和探索，力图有所突破和创新。

3. 不完全纯粹研究文例形式，在研究文例的同时，关注形式与内容之间的关系，以求揭示形式与内容之间的关系。

4. 在利用工具书的同时，不迷信工具书，例如在利用《甲骨文合集释文》和《摹释总集》的时候，对其中释读错的地方进行校订。

上　编

殷墟甲骨第一期卜辞文例研究

第 一 章

卜辞的类型研究

如果按照卜辞内容之间的关系来分，甲骨卜辞可以分为基本类型、复杂类型两大类。基本类型主要有六类：单贞、重贞、对贞、选贞、补贞、递贞。复杂类型主要有八类：重复对贞、重复选贞、重复补贞、对补、对选、连环递贞、对连、补对。两大类一共可以分为十四小类。

第一节　卜辞的基本类型

一　单贞

对某一事件或某一内容只进行一次占卜，这种卜辞称为"单贞卜辞"。

例：《合》15556

癸未卜，宾，贞：今日燎？ 一二三四 不玄 五 二告 六七 不玄

二　重贞

对于相同的某一内容进行两次或两次以上的反复占卜，这种反复占卜形成的卜辞组称之为"重贞卜辞"。

例：《合》838 正

丙寅卜，争，贞：燎三牛？ 不玄黾　一二

贞：燎三牛？ 三

《合》15556　　　　　　　　　　　《合》838 正

三　对贞

对某一内容，以否定和肯定的语意进行占卜，这种情况下形成的卜辞组称为"对贞卜辞"。

例：《合》1100 正

辛亥卜，宾，贞：雷正化以王系？二告

辛亥卜，宾，贞：雷正化弗其以王系？

四　选贞

对两项或两项以上并列的内容进行选择性卜问，借以选择其中的某一项内容，这种情况下形成的卜辞组称为"选贞卜辞"。

例：《合》15601

燎宰坎二宰？

燎宰坎三宰？二告

《合》1100 正

五　补贞

选择占卜内容的不同因素或一个事物的不同方面，进行卜问，几条卜辞互相补充。这种卜辞在内容上互相补充，合起来表达一个完整的意思，这种情况下形成的卜辞组称为"补贞卜辞"。

例：《补》13189

戊子卜，殻，贞：屮于祖……

戊子卜，殻，贞：王往戋……一

这两条卜辞合起来表示：戊子这天，殻卜问，王往某地去是否会有灾祸？是否能得到祖神的保佑？

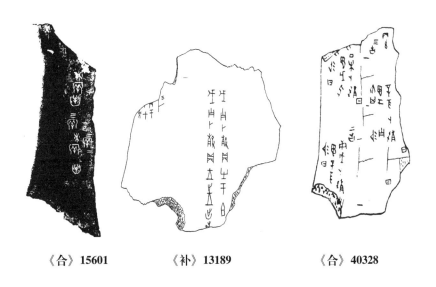

《合》15601　　　　　《补》13189　　　　　《合》40328

六　递贞

在某一个时间卜问另一个时间的某种情况，在另一个时间又卜问其他时间的该种情况，它们之间形成传递的关系，这种情况下形成的卜辞组称为"递贞卜辞"。

例：《合》40328

庚戌卜，殻，[贞]：翌辛亥易日？一

二告

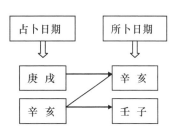

辛亥卜，敦，[贞]：翌壬子不其易日？　一　二告

这两条卜辞，内容上，"庚戌"日卜问"辛亥"日是否会"易日"，"辛亥"日又卜问"壬子"日是否会"易日"，它们之间形成依次向下传递的关系。

第二节　卜辞的复杂类型

一　重复对贞

对某一内容，以肯定与否定的语意进行反复地卜问，这种情况下形成的卜辞组称为"重复对贞卜辞"。

例：《合》13931

（1）…申卜，争，贞：妇好不[延有]疾？

（2）[贞]：妇好其延有疾？　二告

（3）贞：妇好不延有疾？

（4）妇好其延有疾？

（1）—（2）、（3）—（4）形成两组对贞，两组对贞之间又形成重复对贞。

二　重复选贞

对两项或两项以上并列的内容反复地进行选择性卜问，借以选择其中的某一项内容，这种情况下所形成的卜辞组称为"重复选贞卜辞"。

《合》13931　　　　　　　《合》116 正

例：《合》116 正

（1）辛丑卜，宾，贞：其于六月娩？

（2）贞：今五月娩？ 小告

（3）贞：其六月娩？ 小告

（4）贞：今五月娩？

（5）贞：其于六月娩？

（6）贞：今五月娩？

三　重复补贞

选择占卜内容的不同因素或一个事物的不同方面，进行反复卜问，这种情况下形成的卜辞组称为"重复补贞卜辞"。

例：《合》5775 正

（1）贞：薺有鹿？

（2）呼多马逐鹿获？

（3）薺有鹿？ 二告

（4）呼多马逐鹿获？

（1）—（2）互相补充，合起来表示：贞问"薺"这个地方是否有鹿，命令多马（"多马"是官职名）追逐鹿是否有收获。（3）—（4）与（1）—（2）重复，这四条卜修辞可以看作一组"重复补贞"卜辞。

《合》5775 正（局部）

四　对补

对贞卜辞组与对贞卜辞组之间，形成互相补充的关系，这种情况下形成的卜辞组称为"对补卜辞"。

例：《合》151 正

　　（1）丁未卜，争，贞：甫㞢化无囚？
　　　十一月
　　（2）贞：甫㞢化其有囚？
　　（3）贞：甫㞢化伐方？
　　（4）甫㞢化弗其伐？

（1）—（2）、（3）—（4）形成两组对贞，这两组对贞之间又形成互相补充的关系，合起来表示：甫㞢化（人名）翦灭某方是否有祸祟？（1）—（2）与（3）—（4）之间的关系可以看作"对补"关系。

《合》151 正（局部）

五　对选

对贞关系的卜辞组与对贞关系的卜辞组之间形成选择性关系，这种卜辞组称为"对选卜辞"。

1. 同版对选

例：《合》9774 正

（1）癸丑卜，㱿，贞：遘受年？二月。一 二

（2）贞：遘不其受年？一 二

（3）贞：㦰受年？一 二

（4）贞：㦰不其受年？一 二 二告

（5）贞：罘受年？一 二

（6）贞：罘不其受年？一 二

这六条卜辞，（1）—（2）、（3）—（4）、（5）—（6）分别是一组对贞，这三组对贞又形成选贞的关系。

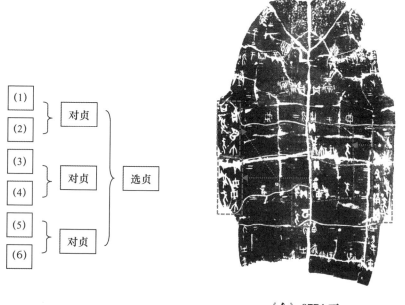

《合》9774 正

2. 异版对选

例：《合》9735、《合》9738、《合》9742 正、《合》9745（下面依次排列）

（1）甲午卜，延，贞：东土受年？

　　　一　二　三　二告　四　五　六　七

（2）甲午卜，延，贞：东土不其受年？

　　　一　二　三　四　二告　五　六

（1）甲午卜，亘，贞：南土受年？

　　　［一　二］　三　四　五

（2）甲午［卜］，［亘］，［贞：南土不其受年］？

（1）甲午卜，宾，贞：西土受年？

　　　一　二　三　四　五　六　［七］

（2）贞：西土不其受年？

　　　一　二　二告　三　四　二告　五　六

（1）甲午卜，宁，贞：北土受年？

　　　［一］二　三　四　五　［六］

（2）甲午卜，宁，贞：北土不其受［年］？

　　　［一］　二　三　四　五　六二告

《合》9735　　　　　　　　　　　　《合》9738

这四组卜辞，每组卜辞都是一组对贞，如果合起来就形成"四项并列"式的选贞。但是由于贞人不同，可以推想，当时有可能是由四位贞人同时占卜。

《合》9742 正　　　　　　　　　　　　《合》9745

六　连环递对

在某一个时间以肯定和否定的语意卜问另一个时间的某种情况，在另一个时间又以肯定和否定的语意卜问其他时间的该种情况，以此类推，这种情况下形成的卜辞组称为"连环递对卜辞"。

1. 双组

例：《合》12459

戊子卜，翌庚寅雨？

戊子卜，翌庚寅不其雨？

庚寅卜，翌癸巳雨？

庚寅卜，翌癸巳不其雨？

这四条卜辞，其内容表示：在"戊子"这天卜问"庚寅"是否会下雨，到了"庚寅"这天，又卜问"癸巳"是否会下雨。表达形式上，每天的正反卜问，都形成一组对贞，两天的正反卜问形成两组对贞，两组对贞之间形成"连环递贞"的关系。

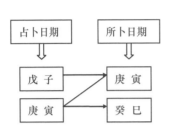

《合》12459

2. 三组

例：《合》12436

戊子卜，沐，翌己丑其雨？一

戊子卜，沐，翌己丑不雨？

己丑卜，沐，翌庚寅其雨？一

己丑卜，翌庚寅不雨？一

庚寅卜，沐，翌辛卯不雨？一

翌辛卯其雨？一

《合》12436

这六条卜辞形成一组，其内容是：在戊子、己丑、庚寅这三天，连续卜问第二天是否下雨，"戊子"这天卜问"己丑"是否会下雨，"己丑"这天卜问"庚寅"是否会下雨，"庚寅"这天又卜问"辛卯"是否会下雨。其形式上，每天的正反卜问，都形成一组对贞，三天的正反卜问形成三组对贞，三组对贞之间，形成"连环递贞"的关系。

七 连对

在相连的日子里，对某个相关的内容进行语意肯定和否定的连续卜问，这种情况下形成的卜辞组称为"连对卜辞"。"连对卜辞"与"重复对贞卜辞"的区别在于："重复对贞卜辞"是在同一天对相同的内容进行重复卜问，而"连对卜辞"是在相连的日子里，对相关的内容进行连续卜问。

例：《合》12324 正

丁巳卜，亘，贞：自今至于庚申其雨？

贞：自今丁巳至于庚申不雨？

戊午卜，㲋，贞：翌庚申其雨？

贞：翌庚申不［其雨］？

《合》12324 正

八 补对

用两组分别相互补充的卜辞卜问肯定与否定两种情况，这种情况下形成的卜辞组称为"补对卜辞"。

例：《合》698 正

（1）贞：酒妣庚十伐，卯十宰？ 一

（2）业妣庚［业］雪？ 一

（3）酒妣庚十伐，卯十宰？ 一

（4）其业于妣庚亡其雪？ 一

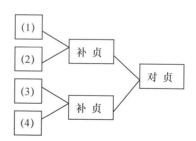

《合》698 正（局部）

第三节　第一期大版龟甲卜辞
类型统计分析

一　选取标准

1. 主要选取完整的龟甲。

2. 基本完整，虽然有残缺部分，但是按照一般的文例规律，可以推断出残缺部分的内容。

二　统计方法

1. 逐片阅读甲骨片，参阅《甲骨文合集释文》《殷墟甲骨刻辞摹释总集》《甲骨刻辞摹释全编》中的释文卜辞分条，但是并不完全采用这三套书中的释文卜辞分条。

2. 逐片分类统计，再总体统计，最后计算每种类型卜辞在所统计卜辞中所占的比例。

三　具体统计

1. "/"前边的数字表示条数，后边的数字表示组数，例：《合》32

正，对贞 14/7，表示《甲骨文合集》第 32 片的正面上刻有 14 条对贞，分 7 组。

2. 三个数字连在一起的，例如：重复选贞 6/3/1 表示 6 条卜辞形式 3 组选贞，这 3 组选贞又形成 1 组重复选贞。

3. 凡是条数和组数不成倍数关系的，是因为里边有三角关系的卜辞，或三卜式卜辞，例如，《合》122 的对贞数是 7/2，表示有 7 条对贞，分 2 组，之所以这样分组是因为其中一组是两正一负的三卜式对贞，一组是三正一负的四卜式对贞（三卜式对贞与四卜式对贞将在第六章中专门讨论）。总之，条数与组数并不一定是简单的整数倍数关系。

4. 栏目的对应关系为：总条数 = 单贞条数 + 对贞条数 + 选贞条数 + 重贞条数 + 补贞条数 + 递贞条数 + 三角关系条数。后边的五个栏目（四角关系、重复对贞、重复选贞、对选和其他类型），与前边的栏目有交叉重叠关系。例如：对贞条数里边就包括了重复对贞条数，之所以独立出来统计是因为这种关系的卜辞比较特殊。

5. 三角关系与四角关系同类但不同级，三角关系是在同一个平面上的，所以算作简单型，四角关系则比较复杂，归入复合型。（三角关系虽然算作简单型，但是实质却并不简单，关于三角关系、四角关系的卜辞将在第六章中专门讨论。）

表 1 - 1　　　　殷墟第一期大版龟甲卜辞类型统计表（一）

甲骨片号《合》	总条数	单贞条数	简单型					复合型				
			对贞条/组	选贞条/组	重贞条/组	补贞条/组	递贞条/组	三角关系条/组	四角关系条/组	重复对贞条/组	重复选贞条/组	对选条/组	其他类型条/组
《合》32 正	14		14/7										
《合》110 正	12	4	8/4							4/2/1			
《合》116 正	8		2/1	6/3							6/3/1		

续表

甲骨片号《合》	总条数	单贞条数	简单型						复合型				
			对贞条/组	选贞条/组	重贞条/组	补贞条/组	递贞条/组	三角关系条/组	四角关系条/组	重复对贞条/组	重复选贞条/组	对选条/组	其他类条/组
《合》122	7		7/2										
《合》150正	11		11/5										
《合》151正	13	3	10/5							4/2/1			4/2/1 对补
《合》152正	10		6/3	4/2							4/2/1		
《合》190正	18	2	9/4	2/1	2/1			3/1					
《合》248正	21	1	14/7		4/2	2/1							
《合》249正	11	3			4/2	4/2							
《合》339	28	3.	14/7	2/1	2/1	5/2	2/1						
《合》376正	27	3	18/9		4/2	2/1							
《合》418正	10		8/4	2/1									
《合》419正	8	2	4/2			2/1							
《合》438正	10		7/3				3/1						
《合》456正	14	4	10/4										
《合》466	6				6/3								
《合》575	4		4/2										
《合》635正	7	1	6/3										
《合》698正	10		8/4		2/1								
《合》716正	8	1	5/2			2/1							
《合》721正	23	1	22/11							8/4/2			
《合》776正	24	2	14/7	4/2	4/2					4/2/1			
《合》787	11		5/2	2/1	4/2								
《合》812正	3					3/1							
《合》822正	14	2	12/6							4/2/1		4/2/1	

续表

甲骨片号《合》	总条数	单贞条数	简单型						复合型				
			对贞条/组	选贞条/组	重贞条/组	补贞条/组	递贞条/组	三角关系条/组	四角关系条/组	重复对贞条/组	重复选贞条/组	对选条/组	其他类条/组
《合》838 正	5		3/1		2/1								
《合》880 正	12	3	9/4							4/2/1			
《合》892 正	20	4	10/5	6/2									
《合》904 正	11		4/2	2/1	2/1		3/1						
《合》914 正	19	3	14/6	2/1									
《合》946 正	14		12/6			2/1			4/1	8/4/2			
《合》952 正	10		10/5									4/2/1	
《合》975 正	9	1	8/4							4/2/1			
《合》1086 正	8	1	3/1	2/1	2/1								
《合》1100 正	2		2/1										
《合》1107	2		2/1										
《合》1114 正	2		2/1										
《合》1027 正	18	2	10/5	2/1	4/2					4/2/1			
《合》1402 正	11	1	10/5									8/4/2	
《合》1532 正	3	1	2/1										
《合》1822 正	15	1	14/7							4/2/1		8/4/2	
《合》1854	10	2	4/2		4/2					4/2/1			
《合》2415 正	4		4/2										
《合》3201 正	2		2/1										
《合》3238 正	2		2/1										
《合》3458 正	11	3	8/4										
《合》3945 正	4		4/2										
《合》3979 正	7	1	6/3							6/3/1			
《合》4264 正	2		2/1										

续表

甲骨片号《合》	总条数	单贞条数	简单型						复合型				
			对贞条/组	选贞条/组	重贞条/组	补贞条/组	递贞条/组	三角关系条/组	四角关系条/组	重复对贞条/组	重复选贞条/组	对选条/组	其他类条/组
《合》4464 正	3				3/1								
《合》4611 正	5			2/1			3/1						
《合》4735 正	4		4/2										
《合》4769 正	2		2/1										
《合》4855	6		6/3							6/3/1			
《合》5096 正	8		8/4										
《合》5298 正	2		2/1										
《合》5516	6		6/3										
《合》5775 正	15	1	10/5			4/2							4/2/1 重补
《合》5611 正	7	2	5/2										
《合》5637 正	10		10/5							10/5/1			
《合》5884 正	2		2/1										
《合》5995 正	4		2/1			2/1							
《合》6032 正	4	2	2/1										
《合》6460 正	6		6/3										
《合》6476	24		24/12							20/10/2			
《合》6484 正	10		8/4			2/1			4/1			6/3/1	
《合》6484 反	10		10/5									8/4/1	
《合》6571	13		8/4	3/1			2/1						
《合》6647 正	10	2	6/3				2/1						
《合》6648 正	6	2	4/2										
《合》6654 正	2		2/1										
《合》6655 正	6		4/2		2/1								

续表

甲骨片号《合》	总条数	单贞条数	简单型						复合型				
			对贞条/组	选贞条/组	重贞条/组	补贞条/组	递贞条/组	三角关系条/组	四角关系条/组	重复对贞条/组	重复选贞条/组	对选条/组	其他类条/组
《合》6834 正	19	4	15/7							4/2/1			4/2/1 连对
《合》6928 正	8	3		3/1	2/1								
《合》6943	21	4	15/7	2/1								4/2/1	
《合》6946 正	15	2	13/6										
《合》7023 正	1	1											
《合》7226	2		2/1										
《合》7351	6		4/2			2/1							
《合》7352 正	24		24/12										
《合》7768	10		8/4	2/1						6/3/1		8/4/2	
《合》7851 正	4		4/2										
《合》7942	6		6/3										
《合》8310 正	2		2/1										
《合》8796 正	2		2/1										
《合》8985 正	2		2/1										
《合》8987	2					2/1							
《合》9002	4		4/2							4/2/1			
《合》9013 正	1	1											
《合》9177 正	10		10/5										
《合》9658 正	2		2/1										
《合》9472 正	14		14/7							4/2/1			
《合》9503 正	8		8/4										
《合》9504 正	13	1	8/4	2/1		2/1							
《合》9520	6		6/3										

续表

甲骨片号《合》	总条数	单贞条数	简单型					复合型				
			对贞条/组	选贞条/组	重贞条/组	补贞条/组	递贞条/组	三角关系条/组	四角关系条/组	重复对贞条/组	重复选贞条/组	对选条/组	其他类条/组
《合》9525 正	8		8/4							8/4/2			
《合》9671 正	4		4/2										
《合》9735	2		2/1										
《合》9741 正	18	2	14/7		2/1							8/4/2	
《合》9742 正	2		2/1										
《合》9774 正	16		16/8									10/5/2	
《合》9775 正	2			2/1									
《合》9791 正	2			2/1									
《合》9792 正	2			2/1									
《合》9810 正	2		2/1										
《合》9950 正	2		2/1										
《合》10124 正	2		2/1										
《合》10133 正	6	2	4/2										
《合》10136 正	6		4/2			2/1							
《合》10137 正	4		2/1		2/1								
《合》10171 正	11	1	8/4			2/1							
《合》10174 正	2		2/1										
《合》10184	4		4/2										
《合》10344 正	12	2	8/4	2/1									
《合》10345 正	4		2/1	2/1									
《合》10515	3		3/1										
《合》10613 正	19	1	13/6		5/2					10/5/2			
《合》10656	2		2/1										
《合》10910 正	4		4/2							4/2/1			

续表

甲骨片号《合》	总条数	单贞条数	简单型						复合型				
			对贞条/组	选贞条/组	重贞条/组	补贞条/组	递贞条/组	三角关系条/组	四角关系条/组	重复对贞条/组	重复选贞条/组	对选条/组	其他类条/组
《合》10935正	4		4/2										
《合》10936正	15	9	2/1	2/1		2/1							
《合》10937正	4		4/2										
《合》10964正	4		2/1	2/1									
《合》10989正	4	2		2/1									
《合》11000	6		4/2			2/1							
《合》11177	2		2/1										
《合》11423正	6		6/3										
《合》11893	7	1	6/3										
《合》12051正	11		8/4		3/1							6/3/1	
《合》12163正	2		2/1										
《合》12434正	2		2/1										
《合》12438正	2		2/1										
《合》12439正	4		2/1	2/1									
《合》12487正	2		2/1										
《合》12577正	3	1	2/1										
《合》12628	2		2/1										
《合》12648	16		16/7							16/7/2			
《合》12862正	2		2/1										
《合》12898正	5	1	4/2										
《合》12921正	8	2	4/2	2/1									
《合》12972正	4		2/1			2/1							
《合》12973	17	3	12/6				2/1						
《合》13338正	2		2/1										

续表

甲骨片号《合》	总条数	单贞条数	简单型						复合型				
			对贞条/组	选贞条/组	重贞条/组	补贞条/组	递贞条/组	三角关系条/组	四角关系条/组	重复对贞条/组	重复选贞条/组	对选条/组	其他类条/组
《合》13390正	4	2	2/1										
《合》13490	18		18/9							8/4/2			
《合》13505正	14	1	10/5		3/1					6/3/1			
《合》13506正	6		6/3										
《合》13648正	6		6/3										
《合》13658正	8	1	4/2					3/1					
《合》13696正	4		4/2										
《合》13750正	2		2/1										
《合》13757	4		4/2										
《合》13931	6		6/3							4/2/1			
《合》14200正	2		2/1										
《合》14201	7	1	6/3							4/2/1			
《合》14206正	4		4/2										
《合》14207正	12		12/6										6/3/1 对补
《合》14209正	6	2	4/2							4/2/1			
《合》14210正	6	2	4/2							4/2/1			
《合》14228正	2		2/1										
《合》14295	15	1	6/3	4/1	4/2								
《合》14311	2		2/1										
《合》14395正	12	1	6/3	5/1								6/3/1	
《合》14437	3					3/1							
《合》14659	10		6/3	2/1		2/1							
《合》14888	7	2	5/2										

续表

甲骨片号《合》	总条数	单贞条数	简单型						复合型				
			对贞条/组	选贞条/组	重贞条/组	补贞条/组	递贞条/组	三角关系条/组	四角关系条/组	重复对贞条/组	重复选贞条/组	对选条/组	其他类条/组
《合》14929 正	2		2/1										
《合》14951 正	4	1	3/1										
《合》15556	1	1											
《合》15563 正	2		2/1										
《合》16335 正	3	1				2/1							
《合》17185 正	4		4/2										
《合》17230 正	2					2/1							
《合》17301 正	2		2/1										
《合》17397 正	8		8/4										
《合》17409 正	10		8/4		2/1					4/2/1		4/2/1	
《合》17411	2		2/1										
《合》18353	2		2/1										
《合》18800	6		6/3							6/3/1			
《合》18860 正	6		6/3							6/3/1			
《合》18911 正	3				3/1								
《合》20624	4	2		2/1									
《合》21477	1	1											
《合》21635	11	1	2/1	8/4									
《合》21727	17		9/4	4/2	2/1	2/1						4/2/1	
《合》21805	11	4		7/3							4/2/1		
《合》22043	17	6	4/2	2/1	2/1			3/1					
《合》22044	17	1				16/7							
《合》22045	16	2	5/2			9/4							
《合》22046	10	4			4/2	2/1							

续表

甲骨片号《合》	总条数	单贞条数	简单型						复合型				
			对贞条/组	选贞条/组	重贞条/组	补贞条/组	递贞条/组	三角关系条/组	四角关系条/组	重复对贞条/组	重复选贞条/组	对选条/组	其他类条/组
《合》22047	11	3	2/1	2/1	2/1	2/1							
《合》22048	10	6			4/2								
《合》22050	14	12		2/1									
《合》22065	14			6/3	6/3	2/1							
《合》22067	7	5		2/1									
《合》22068	7				4/2			3/1					
《合》22073	7	1		2/1		4/2							
《合》22077	7	7											
《合》22092	15		2/1	8/3	3/1	2/1							
《合》22098	5	1	2/1	2/1									
《合》22102	9	1	8/4										
《合》22214	4	4											
《合》22211	11					8/4		3/1		8/4/2			
《合》22215	11	2		2/1	4/2			3/1					
《合》22238	4	4											
《合》22246	37	12	8/4	9/4	8/4								
《合》22249	12	7	5/2										
《合》22258	19	5	2/1	8/4	4/2								
《合》22274	11	5		2/1	2/1	2/1							
《合》22283	8	3		3/1		2/1							
《合》22293	6	2	2/1			2/1							
《合》22294	24	9		4/2	2/1	6/3		3/1					
《合》22301	14	2		10/4	2/1								
《合》22322	14	2	2/1	4/2		6/3							

续表

甲骨片号《合》	总条数	单贞条数	简单型						复合型				
			对贞条/组	选贞条/组	重贞条/组	补贞条/组	递贞条/组	三角关系条/组	四角关系条/组	重复对贞条/组	重复选贞条/组	对选条/组	其他类条/组
《合》22323	13	1		4/2		2/1		6/2					
《合》22324	11	2	2/1			2/1	5/2						
《合》22384	10	2				3/1	5/2						
《合》22405	7	4				3/1							
《合》22425	6	4	2/1										
《合》22435	7	7											
《合》22436	2			2/1									
《合》39694	5	1	4/2							4/2/1			
《补》287 正	2		2/1										
《补》6822	3			3/1									
《补》6829	8	2	6/3										
《补》6925	26	1		2/1	12/5	2/1		9/3	4/1				

表1-2　　　　　殷墟第一期大版龟甲卜辞类型统计表（二）

	总条数	单贞条数	对贞条（组）	选贞条（组）	重贞条（组）	补贞条（组）	递贞条（组）	三角关系条（组）	四角关系条（组）	重复对贞条（组）	重复选贞条（组）	对选条（组）	其他类型条（组）
总计条	1858	262	1082	187	159	115	8	45	12	208	14	88	18
百分比（%）		14.10	58.23	10.06	8.56	6.40	0.43	2.42	0.65	11.19	0.75	4.74	0.97
总计组	760		527	85	74	54	4	15	3	42	3	19	4
百分比（%）			69.34	11.18	9.74	7.11	0.53	1.97	0.39	5.53	0.39	2.50	0.53

四   理论分析

根据以上的统计，可以看出以下几个特点和规律：

1. 在所统计的 227 版大版龟甲中，共有卜辞 1858 条，平均每版刻写卜辞 8.2 条，最少的只有 1 条，最多的 28 条，分布很不均匀。

2. 共有对贞条数 1082 条，占总条数的 58.23%（约 60%），对贞组数 527 组，占总组数的 69.34%（约 70%），说明对贞卜辞占卜辞总数的大多数。

3. 除对贞以外，按所占比例多少排列依次为：单贞、选贞、重贞、补贞、三角关系、递贞。

4. 四角关系、重复选贞、其他类型都不足 1%，说明这几种类型的卜辞数量极少。

5. 在对贞卜辞中，有重复对贞 208 条，42 组，分别占卜辞总数的 11.19% 和 5.53%，分别占对贞数的 19.2% 和 8%，说明在对贞卜辞中大约五分之一是重复对贞卜辞。

第 二 章

对贞和重复对贞专题研究

第一节　对贞分类

一　按刻写的材料分类

1. 龟甲对贞

例：《合》1107

乙巳卜，殻，贞：我其有令戬叀用王？二告

乙巳卜，殻，贞：我勿有令戬弗其叀用王？不玄

2. 胛骨对贞

例：《合》154

己丑卜，殻，贞：翌庚寅妇好娩？

贞：翌庚寅妇好不其娩？一月

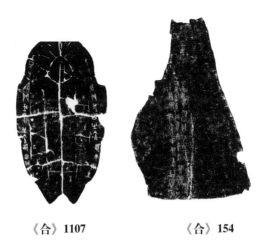

《合》1107　　　　　《合》154

二　按照贞卜的时间分类

1. 同日对贞

例:《合》39680

甲午卜,亘,贞:翌乙未其雨?

甲午卜,亘,贞:翌乙未不雨?

2. 邻日对贞(不同日对贞)

例:《合》14206 正

壬子卜,争,贞:我其作邑,帝弗又若? 三月。告　二告

癸丑卜,争,贞:勿作邑,帝若?　　二告

《合》39680

《合》14026 正　　　　　《合》95

三　按照正面背面分类

1. 都刻在同一面

(1) 都刻在正面

例:《合》95

贞:祖辛害我?

贞：祖辛不我害？

（2）都刻在背面

例：《合》40514 反

丁卯卜，亘，贞：雨？

不其雨？

2. 正面与背面各刻写一条

（1）正面刻正，背面刻负

例：《合》12899 正与《合》12899 反

戊申卜，古，贞：兹雨唯若？

贞：兹雨不唯若？

（2）正面刻负，背面刻正（未发现）

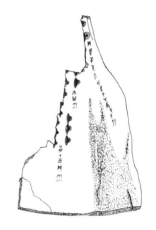

《合》40514 反

《合》12899 正

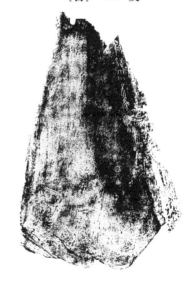

《合》12899 反

第二节　龟甲对贞

龟甲对贞卜辞的文例比较复杂，现将其类型列简图如下，下文将以本图为纲目，举例详细说明每种类型的对贞。

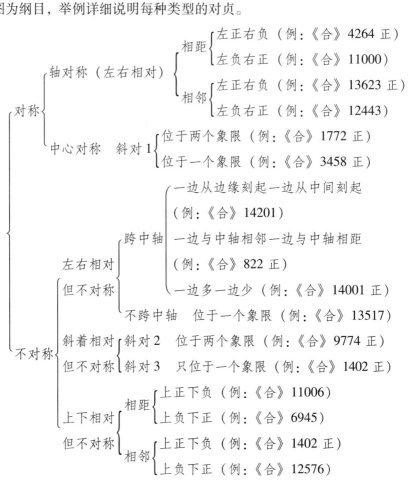

说明：1. 由于对贞卜辞给人的总体印象是有的对称，有的不对称，所在第一次分类时首先将其分为对称和不对称，然后继续分类，以便于了解对称与不对称到底有哪些具体情况。

2. 关于轴对称，这里的"轴"是指以龟甲正中的"千里路"为竖中轴，以"腹中线"为横中轴。由于在卜辞中没有找到以"腹中线"为横中轴的上下对称的对贞卜辞，所以在轴对称中只列"左右相对"，不列"上下相对"。（上下相对的都是不对称的。）横中轴"腹中线"对对贞卜辞的刻写影响不大，基本上可以忽略不计。

3. 斜对1是指通过中心点对称的斜对；斜对2是指不通过中心点位于两个象限的不对称斜对；斜对3是指只位于一个象限的不对称

斜对。

4. 关于"象限"，引入这个数学中的概念，仅仅只是为了便于描述卜辞在龟甲上的布局位置，在殷商时代的人的观念中，可能并没有"象限"的概念。

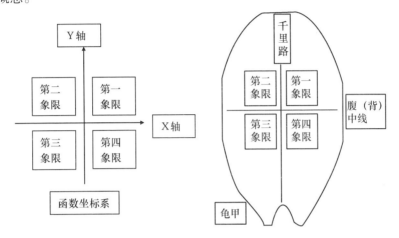

一　对称型对贞卜辞

（一）轴对称（左右相对）

1. 相距位置（离中轴线相隔一段距离）

（1）左正右负

A. 行款方向相同　例:《合》4264 正

戊午卜，古，贞：般其有囚? 二告

戊午卜，古，贞：般亡囚?

B. 行款方向相反　例:《合》12883

甲申卜，争，贞：兹雨唯我囚?

贞：兹雨不唯我囚?

（2）左负右正

A. 行款方向相同　例:《合》11000

贞：今十三月畫乎来?

贞：今十三月不畫［来］?

《合》4264 正　　　　　　　《合》12883

《合》11000　　　　　　　《合》5480 正

B. 行款方向相反　例:《合》5480 正

甲寅卜,宾,贞:我叶王事?二告

贞:我弗其叶王事?

贞:㞢叶王事?二告

贞:㞢弗其叶王事?

2. 相邻位置

(1)左正右负　例:《合》13623 正

贞:王目龙?

王目毋其龙？

《合》13623 正（局部）

（2）左负右正　例：《合》12443

翌己巳其雨？

翌己巳不雨？

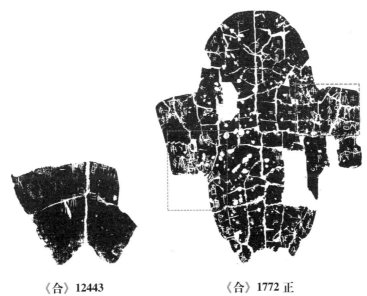

《合》12443　　　　　　　《合》1772 正

（二）中心对称（斜对1）

其一，通过千里路与腹中线的交点形成中心对称。

例：《合》1772 正（位于一、三象限，通过中心点形成对称斜对对贞。）

庚申卜，彀，贞：昔祖丁不黍佳南庚告？

庚申卜，彀，贞：昔祖丁不［黍］不佳南庚告？　（"昔"字漏刻"日"旁）

其二，不通过千里路与腹中线的交点，但是通过另外的点，形成中心对称。

中心对称不一定要通过龟甲最中心，几何中的中心对称指的是一个图形绕某一点旋转 180°形成的图形与另一图形重合。如下图所示，在这些图形中，三角形 A 与三角形 B、梯形 C 与梯形 D、心形 E 与心形 F 都可以看作中心对称，尽管只有图形 A、B 是通过原点 0 形成中心对称的，但是 C 与 D、E 与 F 通过对称点连线后，也有自己的对称中心，所以它们也是中心对称。

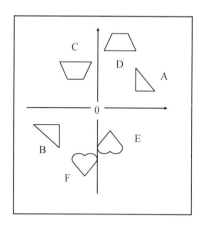

类似的例子在甲骨卜辞中也可以发现。

1. 位于两个象限

（1）位于一、二象限

例：《合》14315 正

贞：其不多卜瓢？

勿不多占齟? 二告

第一条卜辞表示否定的意思;第二条卜辞是双重否定,表肯定的意思。两条卜辞在内容上形成一组对贞。在刻写形式上形成一组位于一、二象限,跨千里路且相邻的中心对称对贞卜辞。

《合》14315 正　　　　　　　　　《合》6461 正(局部)

(2)位于三、四象限　例:《合》6461 正

辛卯卜,宾,贞:沚馘启巴,王勿隹之从?

辛卯卜,宾,贞:沚馘启巴,王惠之从? 五月

2. 位于一个象限

(1)位于第三象限　例:《合》10951 正

戊午卜夐陷擒? 允擒二…二月。

戊午卜夐陷弗其擒?

例:《合》11007 正

翌丁亥勿焚宁? 三 四

翌丁亥焚宁? 五

(2)位于第四象限　例:《合》3458 正

贞:王自宋入?

辛酉王[不]自宋入?

《合》10951 正（局部）　　　　　　　　　　《合》11007 正

《合》3458 正（局部）

二　不对称型对贞卜辞

（一）左右相对，但不对称

1. 跨千里路左右相对，但不对称。

（1）一边从边缘刻起，一边从中间刻起。

A. 左正右负

a. 位于一、二象限

例：《合》2231

戊申卜，殼，贞：若？　二告　二告

戊申卜，殼，贞：祀弗若？

《合》2231（局部）

b. 位于三、四象限

例：《合》14201

庚午卜，内，贞：王作邑帝若？八月。二告

庚午卜，内，贞：王勿作邑才兹帝若？

B. 左负右正

例：《合》7942

贞：于庚申出于童？ 一　二告　二　三　四　五

勿于庚申出？ 一　二　三　四　五

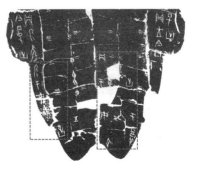

《合》14201　　　　　　《合》7942

（2）两条卜辞都从中间刻，一条与千里路相邻，一条与千里路相距。

例：《合》822 正

①贞：畫使人？一　二　三

②贞：畫不其使人？一　二　三

这两条卜辞不但一条与千里路相邻，一条与千里路相距，而且行款方向也不同，一条竖着刻写，一条横着刻写并且在尾端向下刻写。

（3）两条卜辞都从边缘向中间刻，其中一条卜辞越过千里路，占的地方多，另一条卜辞占的地方少。

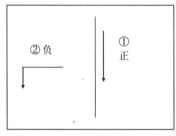

《合》822 正（局部）

例：《合》14001 正

壬寅卜，㱿，贞：帚［好］娩嘉？王固曰：其隹…申娩，吉嘉。其唯甲寅娩，不吉。㘔隹女。一　二　二告

壬寅卜，㱿，贞：帚好娩，不其嘉？王固曰：㞢不嘉，其嘉，不吉。于𡚨若，丝乃殟。一　二　一　二　一

这组卜辞左边的卜辞越过了千里路，占的地方稍微多一点，出现这种情况的原因是两条卜辞在基本语意对贞的前提下，各自的部分意思有增加和省略现象，导致卜辞长短不一，刻写时为了照顾内容，所以一边的卜辞越过了千里路，占的地方稍微多一点。

又如：《合》13312 + 《合》13213（《甲骨拼合集》260）

□□［卜］，争，贞：翌乙卯其宜易日？乙卯宜允易日。昃霧于西六月。

翌［乙］卯不其宜日

《合》14001 正　　　　　　　　　　　《合》13312

2. 不跨千里路左右相对，但不对称。（只位于一个象限）

（1）左正右负

A. 左右相距

a. 位于第一象限（未发现）

b. 位于第二象限

例：《合》13517

丁卯卜，作宀于沘？

勿作宀于沘？四月。

乎妇奏于沘宅？

勿乎妇奏于沘宅？

c. 位于第三象限（未发现）

d. 位于第四象限

例：《合》12598

贞：今日其大雨？七月？

…不遘雨？

B. 左右相邻

例：《合》2618 正

…母庚禦帚好齿？二

勿于母庚禦？一　二告

《合》13517

《合》12598　　　　　　　　　　　　《合》2618 正

（2）左负右正

A. 左右相距

a. 位于第三象限

例：《合》14207 正

沉五牛，燎三牛，卯五牛？

勿沉五牛，燎三牛，卯五牛？

《合》14207 正（局部）

b. 位于第四象限

例:《合》15491 正

祀于…? 二告

勿祀于…?

位于第一象限和位于第二象限的暂时没有发现。

B. 左右相邻

例:《合》12582

乙未卜,允,贞:今日雨?

贞:今日不其雨? 五 [月]。

《合》15491 正

《合》12582

(二) 斜着相对,但不对称

1. 位于两个象限 (斜对 2)

例:《合》9774 正 (图见第一章第二节)

(位于第二、三象限)

贞:罪受年?

贞:罪不其受年?

2. 只位于某一个象限 (斜对 3)

例:《合》1402 正

(1) 贞:咸宾于帝? 二

(2) 贞:咸不宾于帝? 二

(3) 贞:大甲宾于咸?

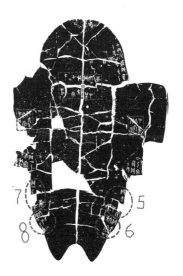

《合》1402 正

（4）贞：大甲不宾于〔咸〕？

（1）—（2）位于第一象限，（3）—（4）位于第二象限。

（三）上下相对，但不对称

1. 相距位置

（1）上正下负

例：《合》11006

贞：王其舞若？　一

贞：王勿舞？　一　二告　二　三

（2）上负下正

例：《合》6945

勿乎我人先于嚳？

乎我人先于嚳？

2. 相邻位置

（1）上正下负

A. 行款方向相同

a. 同自右向左刻写

例：《合》1402 正

贞：大〔甲〕宾于帝？　二

贞：大甲不宾于帝？　二

b. 同自左向右刻写

例：《合》1402 正

贞：下乙〔宾〕于帝？　二

贞：下乙不宾于帝？　二

B. 行款方向相反（未发现）

（2）上负下正

A. 行款方向相同

例：《合》12190

贞：今夕其雨？

贞：今夕不雨？

《合》11006 正

《合》6945（局部）

B. 行款方向相反　例：《合》12576

贞：今夕雨？五月

贞：今夕不其雨？

《合》12190

《合》12576

第三节　胛骨对贞

　　胛骨包括牛的肩胛骨和其他动物的骨版等，以牛的肩胛骨为主，所以统一使用胛骨这个概念（下文同），刻在胛骨上的卜辞与刻在龟甲上的卜辞在刻写形式上有很大的不同。

　　现将胛骨对贞卜辞的文例类型列简图如下，下文将以本图为纲目，举例详细说明每种类型的对贞。

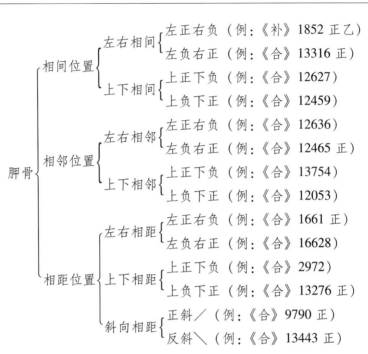

说明：

1. "相间"指的是一组卜辞中间刻写的有其他卜辞，使成组的卜辞被间隔开。

2. "相距"指的是一组卜辞中间有一段空白距离。

3. "正斜"（／）就是解析几何中的 $y = x$，也就是"东北—西南方向"；"反斜"（＼）就是解析几何中的 $y = -x$，也就是"西北—东南方向"。

一　相间位置

（一）左右相间

1. 左正右负　例：《补》1852 正乙

壬子卜，殻，贞：舌方出，隹我出乍囚？

壬子卜，殻，贞：舌方出，不隹我出乍囚？五月

2. 左负右正　例：《合》13316 正

［卜，□，贞］：翌丁丑其雨？

［贞］：翌丁丑不雨？

《补》1852 正乙

（二）上下相间

1. 上正下负

（1）行款方向相同

A. 同自右向左刻写

例：《合》12627

贞：㞢于黄尹？

勿㞢于黄尹？

B. 同自左向右刻写

例：《合》7074

贞：翌甲申易日？

贞：翌甲申不其易日？

（2）行款方向相反（未发现）

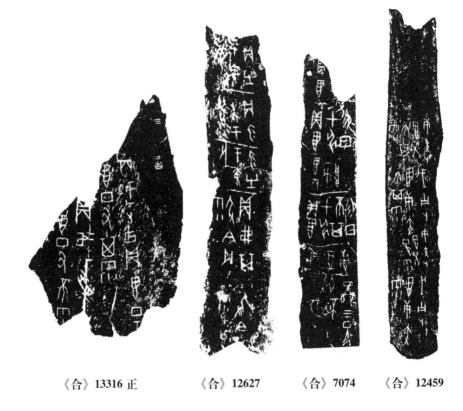

《合》13316 正　　　《合》12627　　　《合》7074　　　《合》12459

2. 上负下正

（1）行款方向相同

A. 同自右向左刻写

例：《合》12459

戊子卜，翌庚寅雨？

戊子卜，翌庚寅不其雨？

庚寅卜，翌癸巳雨？

庚寅卜，翌癸不其雨？

B. 同自左向右刻写

例：《合》17184

贞：唯蛊？一　二告　二　不玄黾

［贞］：不唯蛊？一

（2）行款方向相反（未发现）

《合》17184

二　相邻位置

（一）左右相邻

1. 左正右负

（1）行款方向相同　例：《合》12636

丁丑卜，争，贞：今十一月其雨？

贞：今十一月不其雨？

（2）行款方向相反　例：《合》11171 正

贞：王勿往省牛？三月。三

丙寅卜，㱿，贞：王往省牛于敦？三

2. 左负右正

（1）行款方向相同

A. 同自右向左刻写　例：《合》15396 反

甲午卜，㱿，贞：于翌丙申用？

贞：勿于丙申用？

《合》12636

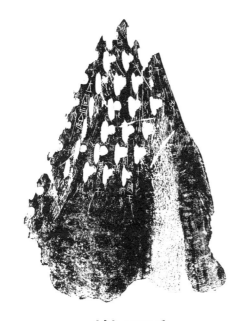

《合》15396 反

《合》11171 正

B. 同自左向右刻写（未发现）

C. 同自上向下刻写　例：《合》12465 正

戊辰卜，争，［贞］：来乙亥其雨？

戊辰卜，争，贞：来乙亥不雨？

（2）行款方向相反（未发现）

《合》12465 正　　　　　　　　　《合》13754

（二）上下相邻

1. 上正下负

（1）行款方向相同

A. 同自右向左刻写（未发现）

B. 同自左向右刻写　例：《合》13754

壬子卜，贞：亚克兴屮疾？

弗其克？

C. 同自上向下刻　例：《合》12036

贞：其雨？　一

贞：今日不雨？　一

（2）行款方向相反　例：《合》14328 正

己巳卜，宾，贞：禘于西？

贞：勿禘于西？　三

《合》12036　　　《合》14328 正

2. 上负下正

（1）行款方向相同

A. 同自右向左刻写

例：《合》13530

贞：我将自兹邑，若？一

勿将自兹邑？一

B. 同自左向右刻写

例：《合》12053

己丑卜，韋，贞：今日其雨？

贞：今日不雨？

（2）行款方向相反

例：《合》15960 反

丙寅卜，㘩，贞：禘？

贞：勿禘？

《合》13530

《合》12053

《合》15960 反

三　相距位置

（一）左右相距

1. 左正右负

（1）行款方向相同

例：《合》1661 正

癸酉卜，宾，贞：屮于祖乙？　一

贞：勿屮于祖乙？　一

（2）行款方向相反

例：《合》12436

庚寅卜，沐，翌辛卯不雨？　一

翌辛卯其雨？　一

《合》1661 正

《合》16628

《合》12436

2. 左负右正

（1）行款方向相同

例：《合》16628

癸亥卜贞：今夕其有囚?

癸亥卜贞：今夕亡囚?

（2）行款方向相反

例：《合》12436

戊子卜，沐，翌己丑其雨？　一

戊子卜，沐，翌己丑不雨？　一

己丑卜，沐，翌庚寅其雨？　一

己丑卜，翌庚寅不雨？　一

（二）上下相距

1. 上正下负

《合》19145　　　　　　《合》2972

（1）行款方向相同

A. 同自右向左刻写

例：《合》19145

贞：呼视?

勿呼［视］?

B. 同自左向右刻写

例：《合》2972

贞：乎子渔屮于祖乙？

贞：勿［乎］子鱼于屮［祖乙］？

（2）行款方向相反（未发现）

2. 上负下正

（1）行款方向相同

A. 同自右向左刻写

例：《合》13276 正

贞：翌丁亥易日？

贞：翌丁亥不其易日？

B. 同自左向右刻写

例：《合》13293

贞：翌丁亥易［日］？

［贞］：翌丁亥不其易日？

（2）行款方向相反

例：《补》13227

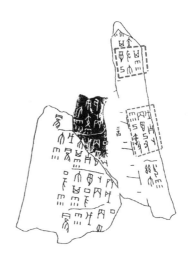

《合》13276 正　　　《合》13293　　　　　《补》13227

戊子卜，内，翌己丑雨？己敉。一　一　　二告

翌己丑不其雨？一　一

（三）斜向相距

1. 正斜（／）

（1）上正下负

A. 行款方向相同

a. 同自右向左刻写

例：《合》9790 正

甲申卜，争，贞：尹以刈子？一　告　二　二告　三

贞：尹弗其〔以〕刈子？一　不玄黾　二　三二告　四　二告

b. 同自左向右刻写

例：《合》13759 反

壬辰卜，内，贞：五月史出至？

今五月史亡其至？

B. 行款方向相反（未发现）

《合》9790 正　　　　　　　　　　《合》13759 反

（2）上负下正

A. 行款方向相同

例：《合》3255 反

于父庚？

勿于父庚？

B. 行款方向相反

例：《合》5478 正

丙午卜，宾，贞：旨弗其叶王事？一

贞：旨叶王事？

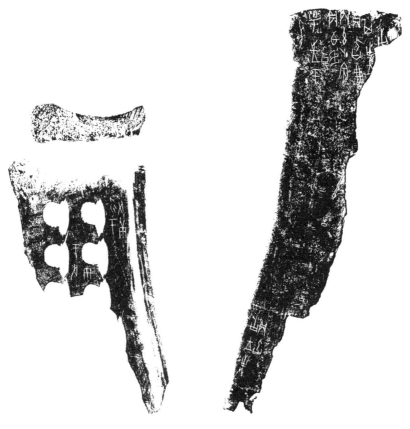

《合》3255 反　　　　　　　　　　　《合》5478 正

2. 反斜（＼）

（1）上正下负

A. 行款方向相同

例：《合》1590

《合》1590

《合》9040 正

辛酉卜，贞：惠祖乙取奴？二

贞：勿取奴？九月。一

B. 行款方向相反

例：《合》9040 正

庚辰卜，宾，贞：丁亥其雨？

一　二告　二

贞：翌丁亥不雨？一　二

（2）上负下正

A. 行款方向相同

a. 同自右向左刻写

例：《合》13443 正

庚寅卜，古，贞：虹不唯年？二告　不玄

黾　二告

《合》13443 正

庚寅卜，古，贞：虹唯年？不玄鼋　□告　不玄鼋

b. 同自左向右刻写（暂时没有发现）

c. 同自上向下刻写

例：《合》11954

壬子卜，不其雨？二　二告

壬子卜，雨？五日丁巳…　一　二　三　四

B. 行款方向相反

例：《合》5479

丙午卜，宾，贞：旨弗其叶王事？三

　贞：旨叶王事？三　二告

《合》11954　　　　　　　　　《合》5479

第四节　对贞的排列

一　龟甲对贞的排列形式

（一）同版上两组对贞的排列形式

1.“□”形排列

（1）两组正负排列方向相同

例：《合》671 正

①贞：出虎？一
②贞：亡其虎？一　一　一
③庚寅卜，㱿，贞：关以角女？一　二　二告　三
④庚寅卜，㱿，贞：关弗其以［角女］？一　二　［三］

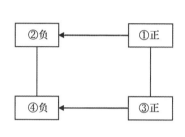

《合》671 正

（2）两组正负排列方向相反

例：《合》4735 正

①贞：告子其出田？二告
②贞：告子亡田？二告　二告
③壬戌卜，宾，㞢其出田？
④壬戌［卜］，宾，贞：㞢亡田？二告

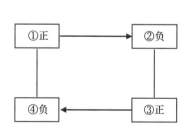

《合》4735 正

（3）两组正负交叉排列成 X 形

例：《合》3945 正

①戊寅卜，殸，贞：沚戛其来？ 二
②贞：沚戛不其来？   二

③戊寅卜，殸，贞：雷风其来？ 二
④雷风不其来？

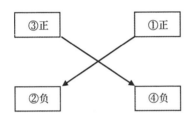

《合》3945 正

2. 包孕形

例：《补》2511

（1）癸未卜，争，贞：受叠年？

（2）贞：弗其受叠年？ 二月。

（3）癸未卜，争，贞：受黍年？ 一

（4）［贞］：弗其受黍年？ 二月。

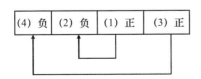

《补》2511

（二）同版上三组暨三组以上对贞的排列形式

1. 沿边缘上下叠置成括弧形

例：《合》17397 正

（1）贞：王梦，［唯凷祐］？

（2）贞：王梦，不唯凷祐？二告

（3）贞：龟，有亾，正？　　不玄黾　二告

（4）贞：龟，有亾，弗其正？二告

（5）贞：［鞍］唯西土？二告

（6）贞：鞍不唯西土？二告

（7）贞：王梦，唯若？二告　二告

（8）贞：王梦，不唯若？小告

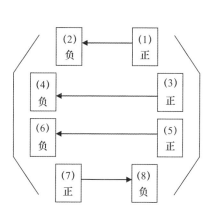

《合》**17397** 正

2. 上下叠置成 U 形

例：《合》2498 正

（1）壬戌卜，内，贞：之其凡？一

（2）贞：不隹之其凡？一

（3）隹之其［凡］？二

（4）不隹之其凡？二

（5）母癸蚩王？一

（6）母癸不［蚩］王？一

$\begin{cases}（7）翌丁出于妣癸？一\\（8）勿出于妣癸？一\end{cases}$

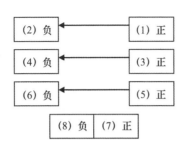

《合》2498 正

二　胛骨对贞的排列形式

（一）上下叠置排队式

1. 同上正下负

例：《合》8899

（1）贞：得？

（2）弗其得？

（3）得？

（4）弗其得？

2. 同上负下正

例：《合》12433

（1）贞：今夕其雨？

（2）贞：今夕不雨？之夕不雨？

（3）贞：翌戊申其雨？

（4）贞：翌戊申不雨？

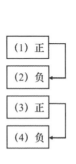

《合》8899

《合》12433

（二）相间式

1. 正负同向相间

（1）同向右（左正右负）（未发现）

（2）同向左（左负右正）（未发现）

（3）同向下（上正下负）

例：《合》2164

①贞：弗其受屮又？

②受屮又？

③不隹我屮乍田？

④隹我屮乍田？

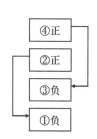

《合》2164

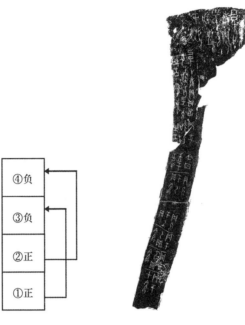

《补》1246

（4）同向上（下正上负）

例：《补》1246

①贞：于乙门令？

②贞：于乙门令？

③贞：勿于乙门？

④贞：勿于乙门令？

2. 正负异向相间

（1）左右正负异向相间

例：《合》9768

…奠不其受年？

…我受年？王固曰：受［年］，唯不鲁。

…奠受年？

［不］其受年？

（2）上下正负异向相间

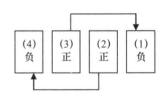

《合》9768

A. 正负异向向内相间

例：《合》12077

①贞：今辛丑其雨？

②贞：今日不雨？

③甲寅其雨？

④甲寅不雨？

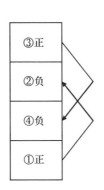

《合》12077

B. 正负异向向外相间

例：《合》7494

①惠王比？

②贞：勿惠王比戬？

③贞：王比沚戬？

④贞：勿比沚戬？

（三）包孕式

例：《合》15179

（1）丁卯［卜］，［殻］，贞：［我］惠宾为？

（2）丁卯卜，殻，贞：我勿［为］宾？

（3）乙丑卜，［殻］，贞：我惠宾为？

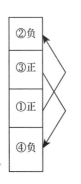

《合》7494

（4）乙丑卜，殷，贞：我勿为宾？

（5）丁未卜，殷，贞：我为宾？

（6）丁未卜，殷，贞：勿为宾？

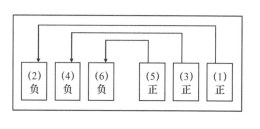

《合》15179

（四）混合式

例：《补》2021

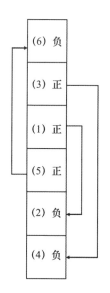

《补》2021

（1）比望乘？

（2）贞：勿比望乘？

（3）王惠沚戜比？

（4）王勿比沚？五

（5）令望乘？

（6）王勿比望？

（1）—（2）与（3）—（4）形成包孕式，（1）—（2）和（3）—（4）与（5）—（6）形成正负异向向外相间式对贞。

例：《合》10939

（1）贞：禘？

（2）贞：禘？

（3）贞：王往狩？

（4）贞：王勿往狩从豕？

（5）王往狩？

（6）贞：王勿往狩从豕？

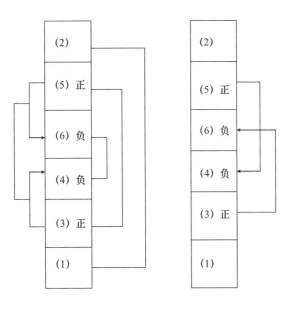

《合》10939

这六条卜辞有三种分析方法：可以把（3）与（4）、（5）与（6）分别看作对贞，这两组对贞形成重复对贞，呈上下叠置式排列；也可以把（1）与（2）、（3）与（5）、（4）与（6）分别看作是重贞，这三组重贞呈包孕式排列；还可以把（3）与（6）、（5）与（4）分别看成对贞，这两组对贞又形成重复对贞，呈异向向内相间式排列。

第五节　第一期大版龟甲卜辞对贞类型统计分析

一　选取标准

1. 完整的龟版。

2. 基本完整，虽然有残缺部分，但是按照一般的文例规律，可以推断出残缺部分的内容。

二　统计方法

1. 主要阅读甲骨片，参阅《甲骨文合集释文》和《殷墟甲骨刻辞摹释总集》《甲骨文校释总集》《殷墟甲骨文摹释全编》中的释文卜辞分条，但是并不完全采用这几套书中的释文卜辞分条。

2. 逐片分类统计，再总体统计，最后计算每种类型卜辞所占的比例。

三　具体统计

表 2－1　　殷墟甲骨第一期大版龟甲卜辞对贞类型统计表（一）

片号	卜辞条数	对贞条数	对贞组数	二卜式对贞						三卜式对贞		四卜式对贞	
				左右对贞条（组）		上下对贞条（组）		斜对贞条（组）		两正一负	两负一正	三正一负	三负一正
				左负右正	左正右负	上正下负	上负下正	对称	不对称				
《合》32 正	14	14	7	14/7									
《合》110 正	12	8	4	8/4									

续表

片号	卜辞条数	对贞条数	对贞组数	二卜式对贞						三卜式对贞		四卜式对贞	
				左右对贞条（组）		上下对贞条（组）		斜对条（组）		两正一负	两负一正	三正一负	三负一正
				左负右正	左正右负	上正下负	上负下正	对称	不对称				
《合》116正	8	2	1	2/1									
《合》122	7	7	2							3/1		4/1	
《合》150	11	11	5	8/4						3/1			
《合》151正	13	10	5	8/4	2/1								
《合》152正	10	6	3	2/1				4/2					
《合》190正	18	9	4	6/3						3/1			
《合》248正	21	14	7	14/7									
《合》339	28	14	7	12/6	2/1								
《合》376正	27	18	9	12/6	4/2	2/1							
《合》418正	10	8	4	8/4									
《合》419正	8	4	2	4/2									
《合》438正	10	7	3	4/2						3/1			
《合》456正	14	10	4	4/2						6/2			
《合》575	4	4	2	4/2									
《合》635正	7	6	3	4/2	2/1								
《合》698正	10	8	4	4/2	2/1	2/1							
《合》716正	8	5	2	2/1							3/1		
《合》721正	23	23	11	20/10						3/1			
《合》768正	5	4	1										4/1
《合》776正	24	14	7	14/7									
《合》787	11	5	2	2/1							3/1		
《合》822正	14	12	6	10/5	2/1								
《合》838正	5	3	1							3/1			
《合》880正	12	9	4	6/3						3/1			
《合》892正	20	10	5	8/4	2/1								

续表

片号	卜辞条数	对贞条数	对贞组数	二卜式对贞						三卜式对贞		四卜式对贞	
				左右对贞条（组）		上下对贞条（组）		斜对贞条（组）		两正一负	两负一正	三正一负	三负一正
				左负右正	左正右负	上正下负	上负下正	对称	不对称				
《合》904 正	11	6	3	2/1					4/2				
《合》914 正	19	14	6	8/4						6/2			
《合》946 正	14	12	6	12/6									
《合》952 正	10	10	5	6/3		4/2							
《合》975 正	9	8	4	8/4									
《合》1100 正	2	2	1	2/1									
《合》1107	2	2	1	2/1									
《合》1114 正	2	2	1	2/1									
《合》1027 正	18	10	5	10/5									
《合》1402 正	11	10	5	2/1		4/2			4/2				
《合》1532 正	3	2	1	2/1									
《合》1822 正	15	14	7	12/6	2/1								
《合》1854	10	4	2	4/2									
《合》2415 正	4	4	2	4/2									
《合》3201 正	2	2	1	2/1									
《合》3238 正	2	2	1	2/1									
《合》3458 正	11	8	4	6/3		2/1							
《合》3945 正	4	4	2					4/2					
《合》3946 正	4	4	2					4/2					
《合》3947 正	4	4	2					4/2					
《合》3979 正	7	6	3	6/3									
《合》4264 正	2	2	1		2/1								
《合》4611 正	5	2	1	2/1									
《合》4735 正	4	4	2	2/1	2/1								
《合》4769 正	2	2	1	2/1									

续表

片号	卜辞条数	对贞条数	对贞组数	二卜式对贞						三卜式对贞		四卜式对贞	
				左右对贞条（组）		上下对贞条（组）		斜对贞条（组）		两正一负	两负一正	三正一负	三负一正
				左负右正	左正右负	上正下负	上负下正	对称	不对称				
《合》4855	6	6	3	6/3									
《合》5096正	8	8	4	8/4									
《合》5298正	2	2	1	2/1									
《合》5354	2	2	1	2/1									
《合》5480正	4	4	2	4/2									
《合》5516	6	6	3	6/3									
《合》5575正	15	10	5	10/5									
《合》5611正	7	5	2	2/1						3/1			
《合》5637正	10	10	5		10/5								
《合》5884正	2	2	1	2/1									
《合》5995正	4	2	1	2/1									
《合》6032正	4	2	1	2/1									
《合》6460正	6	6	3	6/3									
《合》6476	24	24	12	24/12									
《合》6484正	10	9	4	6/3						3/1			
《合》6571正	13	8	4	6/3	2/1								
《合》6647正	10	6	3	6/3									
《合》6648正	4	4	2	4/2									
《合》6654正	2	2	1	2/1									
《合》6655正	6	4	2	4/2									
《合》6834正	19	15	7	12/6								3/1	
《合》6943	21	15	7	6/3	6/3					3/1			
《合》6945	14	8	4	6/3			2/1						
《合》6946正	15	13	6	10/5								3/1	
《合》7226	2	2	1	2/1									

续表

片号	卜辞条数	对贞条数	对贞组数	二卜式对贞						三卜式对贞		四卜式对贞	
				左右对贞条（组）		上下对贞条（组）		斜对贞条（组）		两正一负	两负一正	三正一负	三负一正
				左负右正	左正右负	上正下负	上负下正	对称	不对称				
《合》7351	6	4	2	4/2									
《合》7352 正	24	24	12	24/12									
《合》7768	10	8	4	6/3	2/1								
《合》7851 正	4	4	2	4/2									
《合》7942	6	6	3	6/3									
《合》8310 正	2	2	1	2/1									
《合》8796 正	2	2	1	2/1									
《合》8985 正	2	2	1	2/1									
《合》9002	4	4	2	4/2									
《合》9177 正	10	10	5	10/5									
《合》9472 正	14	14	7	10/5	4/2								
《合》9503 正	8	8	4	8/4									
《合》9504 正	13	8	4	6/3	2/1								
《合》9520	6	6	3	2/1	4/2								
《合》9525 正	8	8	4	8/4									
《合》9658 正	2	2	1	2/1									
《合》9671 正	4	4	2	4/2									
《合》9735	2	2	1	2/1									
《合》9741 正	18	14	7	14/7									
《合》9742 正	2	2	1	2/1									
《合》9774 正	16	16	8	14/7	2/1								
《合》9810 正	2	2	1	2/1									
《合》9950 正	2	2	1	2/1									
《合》10124 正	2	2	1	2/1									
《合》10133 正	4	4	2			2/1			2/1				

续表

片号	卜辞条数	对贞条数	对贞组数	二卜式对贞						三卜式对贞		四卜式对贞	
				左右对贞条（组）		上下对贞条（组）		斜对贞条（组）		两正一负	两负一正	三正一负	三负一正
				左负右正	左正右负	上正下负	上负下正	对称	不对称				
《合》10136 正	6	4	2	2/1	2/1								
《合》10137 正	4	2	1	2/1									
《合》10171 正	11	8	4	6/3	2/1								
《合》10174 正	2	2	1		2/1								
《合》10184	4	4	2	2/1	2/1								
《合》10344 正	12	8	4	6/3	2/1								
《合》10345 正	4	2	1	2/1									
《合》10515	3	3	1							3/1			
《合》10613 正	19	13	6	10/5							3/1		
《合》10656	2	2	1	2/1									
《合》10910 正	4	4	2	4/2									
《合》10935 正	4	4	2	4/2									
《合》10936 正	15	2	1	2/1									
《合》10937 正	4	4	2	4/2									
《合》10964 正	4	2	1	2/1									
《合》11000	6	4	2	2/1	2/1								
《合》11177	2	2	1	2/1									
《合》11423 正	6	6	3	2/1	4/2								
《合》11893	7	6	3	6/3									
《合》12051 正	13	8	4	8/4									
《合》12163 正	2	2	1		2/1								
《合》12324 正	4	4	2	4/2									
《合》12434 正	2	2	1	2/1									
《合》12438 正	2	2	1	2/1									
《合》12439 正	4	2	1	2/1									

续表

片号	卜辞条数	对贞条数	对贞组数	二卜式对贞						三卜式对贞		四卜式对贞	
				左右对贞条（组）		上下对贞条（组）		斜对贞条（组）		两正一负	两负一正	三正一负	三负一正
				左负右正	左正右负	上正下负	上负下正	对称	不对称				
《合》12487 正	2	2	1	2/1									
《合》12577 正	3	2	1	2/1									
《合》12628	2	2	1	2/1									
《合》12648	16	16	7	10/5						3/1	3/1		
《合》12862 正	2	2	1	2/1									
《合》12898 正	5	4	2	4/2									
《合》12921 正	8	4	2	4/2									
《合》12972 正	4	2	1	2/1									
《合》12973	17	12	6			12/6							
《合》13338 正	2	2	1	2/1									
《合》13390 正	4	2	1	2/1									
《合》13490	18	18	9	18/9									
《合》13505 正	14	10	5	8/4		2/1							
《合》13506 正	6	6	3	6/3									
《合》13648 正	6	6	3	6/3									
《合》13658 正	8	4	2	2/1		2/1							
《合》13696 正	4	4	2	4/2									
《合》13716 正	2	2	1			2/1							
《合》13750 正	2	2	1	2/1									
《合》13757	4	4	2			4/2							
《合》13931	6	6	3	2/1		4/2							
《合》14200 正	2	2	1	2/1									
《合》14201	7	6	3	4/2		2/1							
《合》14206 正	4	4	2	4/2									
《合》14207 正	12	12	6	10/5		2/1							

续表

片号	卜辞条数	对贞条数	对贞组数	二卜式对贞						三卜式对贞		四卜式对贞	
				左右对贞条（组）		上下对贞条（组）		斜对条（组）		两正一负	两负一正	三正一负	三负一正
				左负右正	左正右负	上正下负	上负下正	对称	不对称				
《合》14209 正	6	4	2	4/2									
《合》14210 正	6	4	2	4/2									
《合》14228 正	2	2	1	2/1									
《合》14295	15	6	3	6/3									
《合》14311	2	2	1	2/1									
《合》14395 正	12	6	3	6/3									
《合》14659	10	6	3	2/1	4/2								
《合》14888	7	5	2	2/1							3/1		
《合》14929 正	2	2	1	2/1									
《合》14951 正	4	3	1								3/1		
《合》15563 正	2	2	1	2/1									
《合》17185 正	4	4	2	4/2									
《合》17301 正	2	2	1	2/1									
《合》17397 正	8	8	4	6/3	2/1								
《合》17409 正	10	8	4	8/4									
《合》17411	2	2	1	2/1									
《合》18353	2	2	1	2/1									
《合》18800	6	6	3	6/3									
《合》21635	11	2	1	2/1									
《合》21727	17	9	4	2/1	4/2						3/1		
《合》22043	17	4	2			2/1		2/1					
《合》22045	16	5	2	2/1						3/1			
《合》22047	11	2	1	2/1									
《合》22065	14	2	1			2/1							
《合》22092	15	2	1	2/1									

续表

片号	卜辞条数	对贞条数	对贞组数	二卜式对贞						三卜式对贞		四卜式对贞	
				左右对贞条（组）		上下对贞条（组）		斜对贞（组）		两正一负	两负一正	三正一负	三负一正
				左负右正	左正右负	上正下负	上负下正	对称	不对称				
《合》22098	5	2	1	2/1									
《合》22102	9	8	4	8/4									
《合》22246	37	8	4	2/1	4/2			2/1					
《合》22258	19	2	1	2/1									
《合》22293	5	2	1	2/1									
《合》22322	14	2	1	2/1									
《合》22324	11	2	1	2/1									
《合》22384	13	2	1	2/1									
《合》22425	6	2	1	2/1									
《合》39694	4	4	2	4/2									
《补》287 正	2	2	1	2/1									
《补》6829	8	6	3	4/2	2/1								

表2-2　殷墟甲骨第一期大版龟甲卜辞对贞类型统计表（二）

总计	卜辞总数	对贞数	二卜式对贞 1014条/507组						三卜式对贞 78条/26组		四卜式对贞 8条/2组	
			左右对贞条（组）数 964条/482组		上下对贞条（组）数 20条/10组		斜对贞条（组）数 30条/15组		两正一负	两负一正	三正一负	三负一正
			左负右正	左正右负	上正下负	上负下正	对称	不对称				
条	1562	1100	840	124	18	2	18	12	51	27	4	4
组		535	420	62	9	1	9	6	17	9	1	1

续表

总计	卜辞总数	对贞数	二卜式对贞 1014条/507组						三卜式对贞 78条/26组		四卜式对贞 8条/2组	
			左右对贞 条(组)数 964条/482组		上下对贞 条(组)数 20条/10组		斜对 条(组)数 30条/15组		两正一负	两负一正	三正一负	三负一正
			左负右正	左正右负	上正下负	上负下正	对称	不对称				
左右、上下、斜对中每一小类所占的比例			86.96%	13.04%	90%	10%	60%	40%	/	/	/	/
			100%		100%		100%					
在不同卜式卜辞中每一小类所占的比例			82.68%	12.40%	1.77%	0.2%	1.77%	1.18%	65.38%	34.62%	50%	50%
			95.08%		1.97%		2.95%					
			100%						100%		100%	
每一类占对贞总条数的百分比	100%		76.23%	11.43%	1.63%	0.18%	1.63%	1.09%	4.63%	2.45%	0.36%	0.36%
			87.66%		1.81%		2.72%					
			92.20%						7.08%		0.72%	
每一类占卜辞总条数的百分比	70.46%		53.71%	8.06%	1.15%	0.13%	1.15%	0.77%	3.26%	1.73%	0.26%	0.26%
			61.76%		1.28%		1.92%					
			64.96%						4.99%		0.51%	
每一类占对贞总组数的百分比		100%	78.36%	11.75%	1.68%	0.19%	1.68%	1.12%	3.17%	1.68%	0.19%	0.19%
			90.11%		1.87%		2.80%					
			94.78%						4.85%		0.37%	

四　理论分析

根据以上的统计，可以看出以下几个特点：

1. 对贞总条数1100条，535组，在卜辞总数（1562条）中占70.46%，也就是说，在龟版卜辞中，对贞卜辞占大部分。

2. 在对贞卜辞中，二卜式对贞1014条，507组，占对贞总条数的

92.2%，占对贞总组数的94.78%；三卜式对贞78条，26组，占对贞总条数的7.08%，占对贞总组数4.85%的；四卜式对贞8条，2组，占对贞总条数的0.72%，占对贞总组数的0.37%。可以看出，在对贞卜辞中，二卜式对贞占绝大多数（超过90%），三卜式对贞占少数（不足10%），四卜式对贞只是偶尔出现（不足1%）。

3. 在二卜式对贞中，左右对贞964条，482组，占二卜式对贞总数的95.08%；上下对贞20条，10组，占二卜式对贞总数的1.97%；斜对30条，15组，占二卜式对贞总数的2.95%。

（1）在左右对贞中，左负右正，840条，420组，占86.96%，左正右负124条，62组，占13.04%。

（2）在上下对贞中，上正下负，18条，9组，占90%，上负下正，2条，1组，占10%。

（3）在斜对中，对称型的18条，9组，占60%，不对称型的12条，6组，占40%。

所以可以得出结论：在二卜式对贞中，以左右对贞为主，在左右对贞中，以左负右正为主，在上下对贞中，以上正下负为主，在斜对中，以对称型为主。

4. 在三卜式对贞中，两正一负51条，27组，占65.38%，两负一正27条，9组，占34.62%，可见三卜式对贞以两正一负为主。

5. 在四卜式对贞中，三正一负4条，1组，占50%，两负一正4条，1组，占50%。两种各占一半。

6. 总体来看，在1562条卜辞中，70.46%的是对贞，64.96%的是二卜式对贞，53.71%的是左负右正型对贞，都大于50%；上负下正的对贞占0.13%，不对称的斜对占0.77%，三正一负和三负一正的对贞分别只占0.26%，都不足1%；其余几类都在1%—10%之间。

根据这几个特点，可以推断出武丁时代的占卜制度：

1. 武丁时代的占卜方式以对贞为主，也就是以肯定和否定的语意卜问某件事或某种情况；

2. 当时的占卜制度以二卜制为主，三卜制为辅，只在偶尔的情况下使用四卜制或多卜制。（虽然本表中没有反映出多卜式卜辞，但在其他甲骨片中时有所见。）

从龟甲卜辞的布局形式来看，在左右对贞中，左负右正和右负左正两种方式兼而有之，以左负右正为主，在上下对贞中，上正下负和上负下正两种方式兼而有之，以上正下负为主，可以推断当时的布局习惯如果是左右布局，则以从右到左为主；如果上下布局，则以从上到下为主。

第六节 重复对贞的类型和排列形式研究

一 重复对贞的不同类型

（一）按照是否同版分类

1. 同版重复对贞

例：《合》39694

己亥卜，殸，贞：隹多子？ 二

贞：不隹多子？ 二

贞：隹多子？ 二

贞：不隹多子？ 二 小告 二

2. 异版重复对贞

《合》39694

例：《合》9742 正（见前文）与合 9743 正

甲午卜，宾，贞：西土受年？ 一 二 三 四 五 六 〔七〕

贞：西土不其受年？ 一 二 二告 三 四 二告 五 六

甲午卜，韋，贞：西土受年？ 一 二 三 四 五 六 七 八

甲午卜，韋，贞：〔西〕土不其受年？ 一 二 〔三〕 四 五 六 〔七〕

由于贞人不同，这两版是否可以看作异版重复对贞，尚有争议。下页的《合》12432 与《合》12433 可以看作异版重复对贞。

《合》9743 正

（二）按照刻写的材料分类

1. 龟甲重复对贞

例：《合》39694、《合》9742（见前文）正与《合》9743。

2. 胛骨重复对贞

例：《合》12432 与《合》12433

（三）按照所刻写的行款形式是否相同分类

1. 行款形式相同

例：《合》12432

贞：翌戊申其雨？

贞：翌戊申不雨？

《合》12433

贞：翌戊申其雨？

贞：翌戊申不雨？

2. 行款形式相反

例：《合》12424　　（左负右正）

贞：翌庚辰其雨？　一

贞：翌庚辰不雨？

《合》12425　　（左正右负）

贞：翌庚辰其雨？　二

贞：翌庚辰不〔雨〕？　二

《合》12432　　《合》12433

《合》12424　　　　　《合》12425

二　重复对贞的排列形式

（一）龟甲

1. 两组对贞形成的重复对贞

（1）□形排列　例：《合》9002

①乙丑卜，宾，贞：蠱以祈？一

②贞：蠱不其以祈？一

③贞：蠱以祈？二

④蠱不其以祈？二　二告

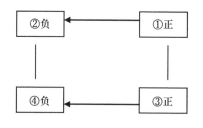

《合》9002

（2）"工"字形排列　例：《合》248 正

①贞：祖乙孼王？一　二　三

②贞：祖乙弗其孼王？

一　二　[三]　二告

③贞：祖乙孼王？四　五

④贞：祖乙弗其孼[王]？

四　二告　五

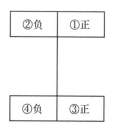

《合》248 正

（3）梯形排列

A. 正梯形排列

例：《合》946 正

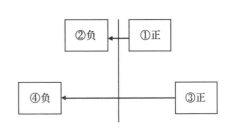

①贞：再以巫？一

②贞：再弗其以巫？一

③再以巫？二

④弗其以？二

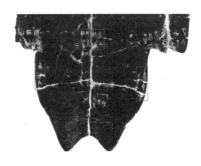

《合》946 正（局部）

B. 倒梯形排列

例：《合》17081

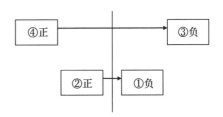

①贞：雀不殟？五

②贞：雀其殟？五

③…雀不殟？

④…雀其殟？

《合》17081

（4）包孕式排列

例：《合》1901 正

①贞：祖丁耄王？

②贞：不隹祖丁耄王？一

③隹祖丁耄王？二

④祖丁弗耄王？二

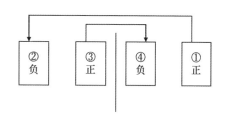

《合》1901 正

例：《合》14659

①贞：燎于？

②勿燎于…

③燎于一牛？

④勿燎于？

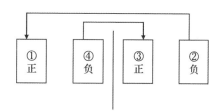

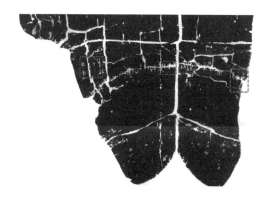

《合》14659（局部）

2. 三组暨三组以上对贞形成的重复对贞

（1）上下叠置排队式　例：《合》4855

①贞：鬶肩［元汰］？一

②贞：鬶弗其肩元汰？一

③贞：鬶肩元汰？二

④鬶弗其肩元汰？二

⑤贞：鬶肩元汰？三　四　五

⑥贞：鬶弗［其］肩元汰？三　四

五　二告

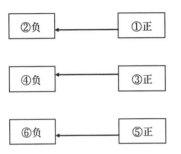

《合》4855

（2）上下相间排列式　例：《合》9525 正

①庚戌卜，殼，贞：王立黍受年？

②贞：王勿立黍弗其受年？一

③贞：妻来牛？

④贞：妻弗其来牛？二

⑤贞：王［立］黍受年？一月。二

⑥［贞：王勿］立黍弗其受年？二

⑦贞：妻来牛？

⑧弗其来牛？二　二告

①—②与⑤—⑥形成重复对贞，③—④
与⑦—⑧形成重复对贞，这两组重复对贞
相互间隔刻写。

《合》9525 正

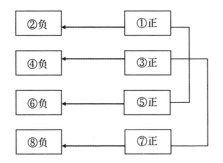

（3）U形排列式　例：《合》5637 正

①庚子卜，争，贞：西使旨亡囧叶？一

②庚子卜，争，贞：西使旨其屮囧？一　二告

③贞：西使旨亡囧叶？二

④西使旨其屮囧？二

⑤贞：旨亡囧？三　二告

⑥贞：旨其屮囧？三

⑦旨亡囧？四

⑧其屮囧？四　不玄

⑨旨亡囧？五　不玄

⑩其屮囧？五

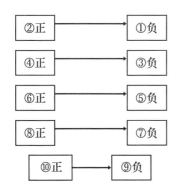

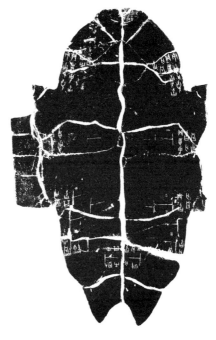

《合》5637 正

（4）正面背面各刻一组

例：《合》6647 正与《合》6647 反

贞：王夕出？一　二

贞：王勿［夕］出？一　二（《合 6647 正》）

贞：王出？

贞：王勿出？（《合》6647 反）

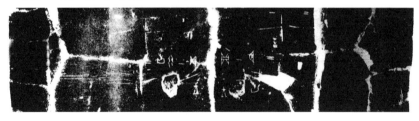

《合》6647 正（局部）

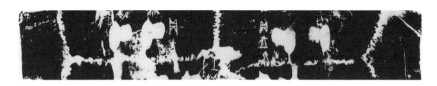

《合》6647 反（局部）

（二）胛骨

1. 二组对贞形成的重复对贞

（1）由上向下叠置排列

例：《合》17252

①贞：妇好嬴？

②贞：不其嬴？

③贞：嬴？

④贞：不其嬴？

（2）由下向上叠置排列（未发现）

（3）异向向内相间排列

例：《合》10939

④王往狩？

③贞：王勿往狩从豕？

②贞：王勿往狩从豕？

①贞：王往狩？

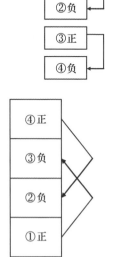

《合》10939　　　《合》17252

（4）异向向外相间排列（未发现）

2. 三组对贞形成的重复对贞

（1）由上向下叠置排列

例：《合》6728

①贞：方允其来于沚？

②不其来？

③方其来于沚？

④方不其来？

⑤其来？

⑥不其来？

（2）由下向上叠置排列

例：《合》19238

⑥勿乎爱？

⑤乎爱？

④勿乎爱？

③乎爱？

②勿乎爱？

①乎爱？

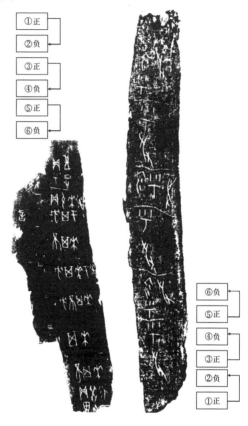

《合》6728　　《合》19238

第 三 章

重贞专题研究

第一节　重贞分类

一　按贞人的异同分类

1. 贞人相同的重贞

例：《合》16846

癸巳卜，永，贞：旬无田？

癸巳卜，永，贞：旬无田？王占曰：屮［求］。

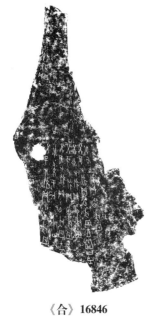

《合》16846　　　　　　　　　《合》13707 正

2. 贞人不同的重贞

例:《合》13707 正

乙未卜,古,贞:妣庚扆王［疾］?

乙未卜,㱿,贞:妣庚扆王疾?

二 按照贞卜的时间分类

1. 同日重贞

例:《合》39719

甲午卜,今日夒于黄［奭］二犬、二豕?　二告

今日用二犬、二豕黄奭? 一

2. 邻日重贞

例:《合》15182

丙申卜,㱿,贞:惠宾为?

丁酉卜,㱿,贞:惠宾为? 四

3. 邻旬重贞

例:《合》22403

癸未卜,贞:旬亡囚?

癸巳卜,贞:旬亡囚?

《合》39719

《合》15182

《合》22403

4. 相距若干日的重贞

例:《合》14436

癸酉卜,贞:燎于岳三小宰,卯三宰?

丙子卜，贞：酚岳三小宰，卯三宰？

由此可以推算出，从癸酉到丙子间隔的时间是
三日。

三　按照贞卜的次数分类

1. 二次重贞

例：《合》39719

2. 三次重贞

例：《合》13505 正（图见第六章第五节）

己亥卜，内，贞：王有石在麓北东，作邑于之？　一

王有石在麓，作邑于之？　二

作邑于麓？　三

3. 四次重贞

例：《合》22211

壬午卜。一　二

壬午卜。一　二

壬午卜。一

壬午卜。一

癸未卜。二

癸未卜。二

癸未卜。二

癸未卜。二

尽管卜辞内容省略了，但是可以看出在壬
午、癸未这两天，分别重贞了四次。

4. 六次重贞

例：《合》22384

戊申。

戊申。

戊申。

戊申。

《合》14436

《合》22211

戊申。

戊申。

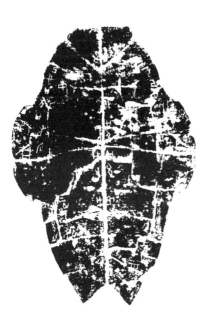 

《合》22384　　　　　　　　　　　　《合》16670

5. 九次重贞　例:《合》16670

癸[酉卜,𢀗,贞:旬亡𡆥?]

癸酉卜,𢀗,贞:旬亡𡆥?

癸酉卜,𢀗,贞:旬亡𡆥?

癸酉卜,𢀗,贞:旬亡𡆥?

癸酉卜,𢀗,贞:旬[亡𡆥?]

癸酉卜,𢀗,贞:旬亡𡆥?

癸酉卜,𢀗,贞:旬亡𡆥?

癸酉卜,𢀗,贞:旬亡𡆥? 五月

癸酉卜,𢀗,贞:旬…

从理论上说,应该有五次、七次和八次重贞等情况,但是未发现典型例子,待以后发现了再补加。

四 按卜辞卜问内容的正负分类

1. 同正

例：《合》13707 正

2. 同负

例：《合》16846

五 按照是否同版分类

1. 同版重贞

本节前文所举的例子都是同版重贞，不再重复举例。

2. 异版重贞

例：《合》17561 与《合》17562

己未邑示四屯？岳。内。

己未邑示四屯？岳。内。

《合》17561

《合》17562

第二节 龟甲重贞

龟甲重贞卜辞的文例也比较复杂，现将其类型列简图如下，下文将以本图为纲目，举例详细说明每种类型的重贞。

- 对称
  - 相距
    - 左右皆正（例：《合》12921 正）
    - 左右皆负（例：《合》12842 正）
  - 相邻
    - 左右皆正（例：《合》22301）
    - 左右皆负（未发现）
- 不对称
  - 左右相对但不对称
    - 左邻中轴右邻边缘（例：《合》14161 正）
    - 右邻中轴左邻边缘（未发现）
  - 斜着相对但不对称
    - 斜对 2 位于两个象限（例：《合》1051 正）
    - 斜对 3 只位于一个象限（例：《合》787）
  - 上下相对但不对称
    - 相距
      - 上下皆正（例：《合》21727）
      - 上下皆负（未发现）
    - 相邻
      - 上下皆正（未发现）
      - 上下皆负（例：《合》21387）

一 对称

由于暂时没有发现上下对称的重贞卜辞，这里的对称主要指的是左右对称。

（一）*左右相距*

1. 左右皆正

①行款方向相同

例：《合》4300 正

（1）壬寅卜，咼，贞：方匿［其］…二告

（2）贞：方匿其㞢…二告

《合》4300 正（局部）

② 行款方向相反

例：《合》12921 正

（1）壬辰卜，㱿贞：㞢祖辛二牛？一

（2）㞢祖辛二牛？一

2. 左右皆负

①行款方向相同

例：《合》12842 正

（1）勿舞岳？三

（2）勿舞岳？三

②行款方向相反（未发现）

（二）左右相邻

1. 左右皆正

例：《合》22301

（1）辛丑卜，酌壬寅？三

（2）辛丑卜，酌奉壬寅？四

2. 左右皆负（未发现）

《合》12921 正（局部）

《合》12842 正

《合》22301（局部）

二　不对称

（一）左右相对但不对称

1. 左邻中轴右邻边缘

例：《合》14161 正

翌甲午其雨？一

…翌甲午其雨？一 二

《合》14161 正（局部）

2. 右邻中轴左邻边缘（未发现）

（二）斜着相对但不对称

1. 位于两个象限

（1）位于第一、二象限

例：《合》1051 正

贞：于王矢？ 一　二　二告

壬辰卜，㱿，贞：于王矢？ 一　二

（2）位于第二、三象限

例：《合》249 正

贞：生三月雨？ 一

生三月雨？ 一二三［四］五六

《合》1051 正（局部）

（3）位于第三、四象限

A. 同为正

例：《合》22264

妣丁咎？

妣丁咎？

B. 同为负

例：《合》3458 正

王梦不隹田？

不隹田？ 二告　一

（4）位于第一、四象限

例：《合》1854

…卜…贞：祖丁唯值若于王？ 一　二　三　四

《合》249 正

《合》22264（局部）　　　　　　　《合》3458 正（局部）

祖丁唯徝若于王？

又例：《合》22045

牢父戊？

牢父戊？

（5）位于中甲和第四象限

例：《合》1086 正

辛酉卜，贞：自今五日雨？二告

自今辛五日雨？

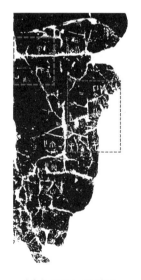

《合》1854（局部）　　　　　　　《合》22045（局部）

卜辞"自今辛五日雨"刻写在"中甲"上，另一条卜辞"辛酉卜，贞自今五日雨。二告"刻写在右甲和齿纹上。

2. 只位于一个象限

（1）位于第一象限

例：《合》787

于女子？　一

于女子？　二

《合》1086 正

《合》787（局部）

（2）位于第二象限

例：《合》22391

壬延？

壬延？

（3）位于第三象限（未发现）

（4）位于第四象限

例：《补》6860

癸丑卜，今夕毓？　一　二　三

癸丑卜，今夕毓？　一　二

《补》6860

（三）上下相对但不对称

1. 上下相距

（1）上下皆正

A. 行款方向相同

例：《合》21727

乙丑子卜，贞：自今四日有来？

乙丑子卜，贞：自今四日有来？

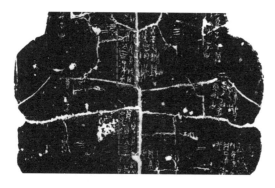

《合》21727（局部）　　　　　　　《合》22391（局部）

B. 行款方向相反

例：《合》22293

甲子卜，燎擒羊？ 一

甲子卜，燎擒羊？ 二

（2）上下皆负（未发现）

2. 上下相邻

（1）上下皆正（未发现）

（2）上下皆负

例：《合》21387

①丁巳卜，𡧲，自丁至于辛酉虎𠂤不？十一月。一

②丁巳卜，𡧲，自丁至于辛酉虎不其𠂤？允。

③丁酉卜，𡧲，[自]丁酉至于辛丑虎不…？

④丁酉卜，𡧲，自丁酉至于辛丑虎不其𠂤？允不。二

尽管①—②否定词的位置不一致，但是从表达的意思来看，这组卜辞可以看作上下皆负的重贞。

《合》22293（局部）　　　　　《合》21387（局部）

第三节　胛骨重贞

现将胛骨重贞卜辞的文例类型列简图如下，下文将以本图为纲目，举例详细说明每种类型的重贞。

```
                                    ┌ 左右皆正（未发现）
                         ┌ 左右相间 ┤
                         │          └ 左右皆负（例：《合》16846）
              ┌ 相间位置 ┤
              │          │          ┌ 上下皆正（例：《合》12495 正）
              │          └ 上下相间 ┤
              │                     └ 上下皆负（例：《合》16782）
              │
              │                     ┌ 左右皆正（例：《合》13311 正）
              │          ┌ 左右相邻 ┤
              │          │          └ 左右皆负（例：《合》9055）
    胛骨 ┤    ┤ 相邻位置 ┤
              │          │          ┌ 上下皆正（例：《合》14875）
              │          └ 上下相邻 ┤
              │                     └ 上下皆负（例：未发现）
              │
              │                     ┌ 左右皆正（未发现）
              │          ┌ 左右相距 ┤
              │          │          └ 左右皆负（例：《合》13536 正）
              │          │
              └ 相距位置 ┤ 上下相距 ┤ 上下皆正（例：《合》13644）
                         │          └ 上下皆负（例：《合》19344）
                         │
                         │          ┌ 正斜／（例：《合》6789）
                         └ 斜向相距 ┤
                                    └ 反斜＼（例：《合》16857）
```

一　相间位置

（一）左右相间

1. 左右皆正（未发现）

2. 左右皆负

例：《合》16846（见本章第一节图）

癸巳卜，永，贞：旬亡田？

癸巳卜，永，贞：旬亡田？ 王固曰：虫
［求］。

（二）上下相间

1. 上下皆正

例：《合》12495 正

今一月雨？

今一月雨？

2. 上下皆负

例：《合》16782

癸酉卜，宾，贞：旬亡田？ 二

《合》12495 正　　《合》16782

癸酉卜，贞：旬亡田?

二　相邻位置

（一）左右相邻

1. 左右皆正

例：《合》13311 正

癸酉卜，争，贞：翌甲戌易日? 三

贞：翌甲戌易日? 甲戌允易日。十一月。三

2. 左右皆负

例：《合》9055

甲申卜，争，贞：伲弗其以? 三

甲申卜，争，贞：伲弗其以? 三　不玄黾

《合》13311 正　　　　《合》9055

（二）上下相邻

1. 上下皆正

（1）行款方向相同

A. 同自右向左刻写

例：《合》14875

贞：奉于九示?

贞：奉于九示?

B. 同自左向右刻写

例：《合》12676

出从雨?

《合》14875　《合》12676

屮从雨？

（2）行款方向相反（未发现）

2. 上下皆负（未发现）

三　相距位置

（一）左右相距

1. 左右皆正（未发现）

2. 左右皆负　例：《合》13536 正

癸卯卜，宾，贞：旬无国？

癸卯卜，宾，贞：旬无国？

（二）上下相距

1. 上下皆正

例：《合》13644

贞：令冒侯归？

贞：令冒侯归？

例：《合》20575

贞：凡追？

贞：凡追？

2. 上下皆负

例：《合》19344

弗正？

弗正？

（三）斜向相距

1. 正斜（／）相距

（1）同为正

例：《合》6789

壬辰卜，方其敦视何？

贞：方其敦视何？

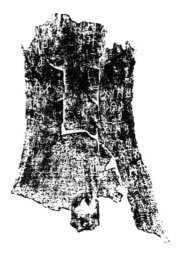

《合》13536 正

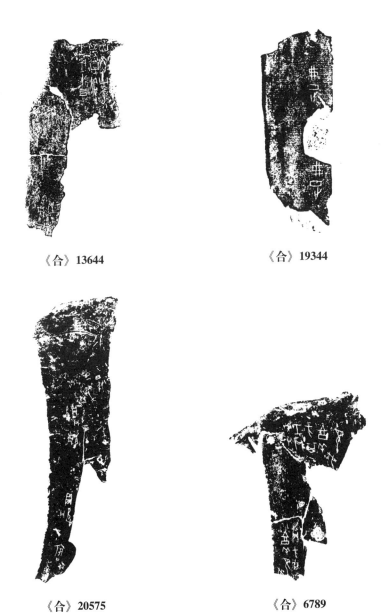

《合》13644　　　　　　　　　　　　　《合》19344

《合》20575　　　　　　　　　　　　　《合》6789

（2）同为负（未发现）

2. 反斜（＼）相距

（1）同为正

例：《合》19813 正（邻日重贞）

辛卯卜，㞢，示壬二牛？ 一

庚寅卜，㞢，二牛示壬？ 二

（2）同为负

例：《合》16857

癸卯卜，宾，贞：旬亡田？

癸卯卜，宾，贞：旬亡田？

《合》19813 正

《合》16857

第 四 章

选贞专题研究

第一节　选贞按不同标准的分类

一　按刻写的材料分类

1. 龟甲选贞

例：《合》9775 正（图见第六章第四节）

辛巳卜，争，贞：𢦏不其受年？

贞：罔不其受年？　二月　二告

2. 胛骨选贞

例：《合》10903

贞：［乎］田［从］西？

贞：乎田从北？

贞：乎田从东？

贞：乎田从南？

二　按照贞卜选项的数量分类

1. 二项选贞

例：《合》9791 正

贞：微不其受年？　二告

一二三四五六七八

一二三四五六［七］［八］

贞：盂不其受年？　二告　一

一二三四五六七八

《合》9791 正　　《合》10903

一二三四五六七［八］

2. 三项选贞

例：《补》6950（图见第六章第三节）

丁未，其枫翌在祖丁宗？一

丁未，其枫翌日在父丁宗？一

丁未，其枫翌日在大丁宗？一

3. 四项选贞

例：《合》12870 甲、乙

癸卯卜今日雨？

其自东来雨？

其自西来雨？

其自南来雨？

其自北来雨？

《合》12870 乙　《合》12870 甲

三　按照卜辞内容的正负分类

1. 同正选贞

例：《合》12819

庚寅卜，辛卯奏舞雨？一

［庚寅卜，壬］辰奏［舞］雨？一

庚寅卜，癸巳奏舞雨？一

庚寅卜，甲午奏舞雨？一

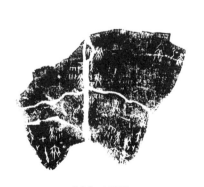

《合》12819

《合》13126

2. 同负选贞

例:《合》13126

翌丁〔卯〕不其啓?

翌戊辰不其啓?

翌己巳不其啓?

翌辛未不其啓?

第二节 龟甲选贞

现将龟甲选贞卜辞的文例类型列简图如下,下文将以本图为纲目,举例详细说明每种类型的重贞。

```
                    ┌左右皆正(例:《合》14127 正)
              ┌相距┤
              │    └左右皆负(例:《合》9791 正)
        ┌对称┤
        │    │    ┌左右皆正(例:《合》21727)
        │    └相邻┤
        │         └左右皆负(例:《合》22258)
        │                        ┌位于一、二象限(例:《合》22065)
        │         ┌相距┤
        │    ┌左右相对        └位于三、四象限(例:《合》22046)
        │    │但不对称         ┌左右皆正(例:《合》21878)
        │    │    └相邻┤
        │    │              └左右皆负(例:《合》19932)
        └不对称┤斜着相对┌位于两个象限(例:《合》904 正)
             │但不对称└位于一个象限(例:《合》13116 正)
             │上下相对┌上下皆正(例:《补》6545)
             └但不对称└上下皆负(未发现)
```

一 对称

(一)相距

1. 左右皆正

例:《合》14127 正

贞:帝其及今十三月令雷?

…帝其于生一月令雷? 二告

2. 左右皆负

例：《合》9791 正（图见本章）

贞：微不其受年？ 二告

贞：舌不其受年？ 二告

（二）相邻

1. 左右皆正

例：《合》21727

乙丑，子卜，贞：今日有来？

乙丑，子卜，贞：翌日有来？

2. 左右皆负

例：《合》22258

丙午，贞：多妇无疾？

丙午，贞：多臣无疾？

《合》14127 正

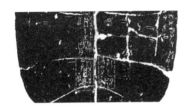

《合》21727（局部）

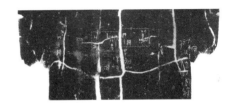

《合》22258（局部）

二　不对称

（一）左右相对但不对称

1. 左右相距

（1）位于一、二象限

A. 左邻中轴右邻边缘

例：《合》22065

甲子卜，二牝入乙？

甲子卜，三牝入乙

B. 右邻中轴左邻边缘《合》22092

例：《合》22092

乙巳卜，贞：于翌丙告令
于亚雀？二

乙巳卜，夕告令于亚雀？

（2）位于三、四象限

例：《合》22046

①戊子卜，至子禦子庚
羌牢？

②戊子卜，至子禦父丁
白豕？

③戊子卜，至〔子〕禦子
庚〔羌牢〕？

④至〔子〕禦父丁〔白
豕〕？

《合》22092（局部）

①—②、③—④分别是一组选贞，两组选贞又形成一组重复选贞。
其中，①与②行款方向相反，③与④行款方向相同。

2. 左右相邻

（1）左右皆正

A. 行款方向相同

a. 同自右向左刻写

《合》22065（局部）

《合》22046（局部）

例：《补》6552

禦奻［于］母己？

禦奻于妣丙？

《补》6552

《合》21878

b. 同自左向右刻写

例：《合》21878

辛亥，己妣唯口咎？　一

辛亥，庚妣唯口咎？　一

B. 行款方向相反

例：《合》15634

燎一牛？

燎二牛？

（2）左右皆负

例：《合》19932

乙卯卜，自，一羊父乙不？一

二羊父乙不，五月？

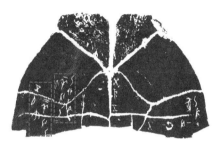

《合》15634　　　　　　　《合》19932

（二）斜着相对但不对称

1. 位于两个象限

例：《合》904 正（一、三象限）

来甲午出伐上甲十？

来甲午出伐上甲八？

2. 位于一个象限

例：《合》13116 正

贞：翌乙未啓？

贞：翌丙申啓？

（三）上下相对但不对称

1. 上下皆正

（1）上下相距

例：《补》6545

癸酉出大甲十宰？

大甲九宰？

《合》904 正

两条卜辞上下相对，行款方向相反，第一条卜辞从左向右刻写，第二条卜辞从右向左刻写。

（2）上下相邻　例：《合》22088

乙酉卜，出岁于下乙？

乙酉卜，屮岁于入乙？　一　二　三

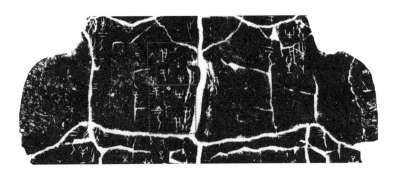

《合》22088（局部）

2. 上下皆负（未发现）

《合》13116 正　　　　《补》6545

第三节　胛骨选贞

现将胛骨选贞卜辞的文例类型列简图如下，下文将以本图为纲目，举例详细说明每种类型的选贞。

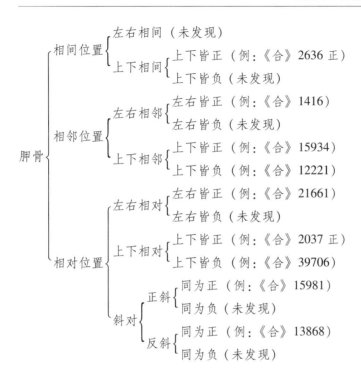

胛骨
　相间位置
　　左右相间（未发现）
　　上下相间
　　　上下皆正（例：《合》2636 正）
　　　上下皆负（未发现）
　相邻位置
　　左右相邻
　　　左右皆正（例：《合》1416）
　　　左右皆负（未发现）
　　上下相邻
　　　上下皆正（例：《合》15934）
　　　上下皆负（例：《合》12221）
　相对位置
　　左右相对
　　　左右皆正（例：《合》21661）
　　　左右皆负（未发现）
　　上下相对
　　　上下皆正（例：《合》2037 正）
　　　上下皆负（例：《合》39706）
　　斜对
　　　正斜
　　　　同为正（例：《合》15981）
　　　　同为负（未发现）
　　　反斜
　　　　同为正（例：《合》13868）
　　　　同为负（未发现）

一　相间位置

（一）左右相间（未发现）

（二）上下相间

1. 上下皆正

例：《合》2636 正

贞：隹祖乙取帚？　一　二告　二

贞：隹大甲取帚？

2. 上下皆负（未发现）

二　相邻位置

（一）左右相邻

1. 左右皆正

（1）行款方向相同

A. 同自右向左刻写

例：《合》1416

《合》**2636 正**

辛酉卜，贞：奉于大甲？一　二　三

辛酉卜，奉于大丁？三月。一　二　三

B. 同自左向右刻写

例：《合》40864

于癸未出至雀臽？

于甲申出至雀臽？

C. 同自上向下刻写

例：《合》13357

《合》1416

癸卯卜，争，贞：翌乙亥…

癸卯卜，争，贞：翌丙子…

（2）行款方向相反（未发现）

2. 左右皆负（未发现）

（二）上下相邻

1. 上下皆正

（1）行款方向相同

A. 同自右向左刻写

例：《合》15934

贞：惠畢界？

贞：惠般界？

《合》40864

B. 同自左向右刻写

例：《合》12642

贞：出于多介？

贞：出于大甲？

（2）行款方向相反

例：《合》40090

贞：冥受年？二

贞：姐受［年］？二

2. 上下皆负

（1）行款方向相同

例：《合》12221

贞：今夕雨不？一

《合》13357

贞：今夕亡田？ 一

（2）行款方向相反（未发现）

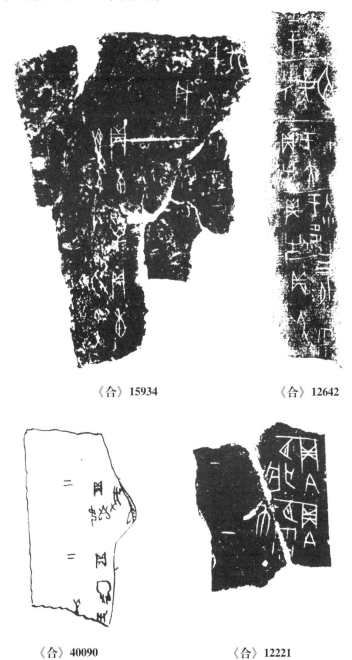

《合》15934 　　　　　　　　　《合》12642

《合》40090 　　　　　　　　　《合》12221

三　相对位置

（一）左右相对

1. 左右皆正

（1）行款方向相同

A. 同自右向左刻写

例：《合》21661

戊寅，子卜，丁归在师人？

戊寅，子卜，丁归在川人？

B. 同自上向下刻写

例：《合》1354

贞：成日二牛？二　二

［贞］：成日三牛？

（2）行款方向相反（未发现）

2. 左右皆负（未发现）

《合》21661

《合》1354

（二）上下相对

1. 上下皆正

（1）行款方向相同

A. 同自右向左刻写

例:《合》15612

辛亥[卜],宾,贞:燎九[牛]?

贞:燎十牛?

B. 同自左向右刻写

例:《合》2037 正

贞:隹祖庚凿? 二　二

贞:隹父庚凿王? 二　二

(2) 行款方向相反(未发现)

2. 上下皆负

(1) 行款方向相同

例:《合》39706

贞:勿从戠? 四

贞:勿从侯? 三告

(2) 行款方向相反(未发现)

《合》15612　　《合》2037 正

《合》39706

《合》15981

(三) 斜对

1. 正斜(／)

(1) 同为正

例：《合》15981

贞：禘惠羊？

…惠牛？

（2）同为负（未发现）

2. 反斜（＼）

（1）同为正

例：《合》13868

己酉卜，贞：翌辛亥其雨？

己酉卜，贞：今日延雨？

（2）同为负（未发现）

《合》13868

第 五 章

补贞专题研究

第一节　补贞与选贞的区别

沈之瑜《甲骨文讲疏》中给选贞卜辞下的定义是："选贞卜辞是选择两个或两个以上并列的内容分别进行一次占卜，借以肯定其中的某一吉利的内容，这种情况下形成的卜辞组称之为'选贞卜辞'。"

补贞卜辞是选择占卜内容的不同因素或一个事物的不同方面，进行卜问，几条卜辞互相补充。这种卜辞在内容上互相补充，合起来表示一个完整的意思，这种"卜辞"可以命名为"互补式选贞"，简称为"补贞"。

为了形象地说明，举日常生活中的两个例子：

$\left\{\begin{array}{l}\text{吃二两饭？}\\\text{吃三两饭？（选贞）}\end{array}\right.$　　表示：究竟吃二两，还是三两饭？

$\left\{\begin{array}{l}\text{吃米饭？}\\\text{用筷子吃？（补贞）}\end{array}\right.$　　合起来表示：是不是用筷子吃米饭？

甲骨卜辞中的补贞卜辞很多。

例：《合》13926

庚子卜，殼，贞：妇好有子？三月　二

辛丑卜，殼，贞：祝于母庚？三

合起来表示：庚子这天卜问妇好是否有子？第二天辛丑又向母庚神祈祷（祈求妇好有子）。它们之间的关系可以看作邻日补贞。

《合》13926

第二节　龟甲补贞

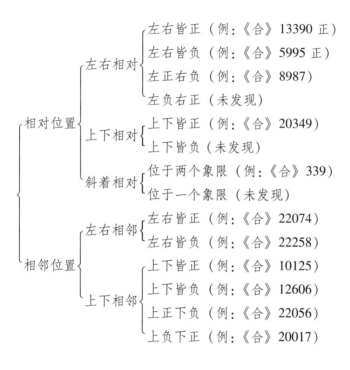

左右相对 {
左右皆正（例：《合》13390 正）
左右皆负（例：《合》5995 正）
左正右负（例：《合》8987）
左负右正（未发现）
}

上下相对 {
上下皆正（例：《合》20349）
上下皆负（未发现）
}

斜着相对 {
位于两个象限（例：《合》339）
位于一个象限（未发现）
}

左右相邻 {
左右皆正（例：《合》22074）
左右皆负（例：《合》22258）
}

上下相邻 {
上下皆正（例：《合》10125）
上下皆负（例：《合》12606）
上正下负（例：《合》22056）
上负下正（例：《合》20017）
}

相对位置、相邻位置

一　相对位置

（一）左右相对

1. 左右皆正

例：《合》13390 正

癸酉卜，宾，贞：自今至于丁丑其雨？二告

贞：其烄牛叀于唐？

2. 左右皆负

（1）行款方向相同

例：《合》5995 正

贞：亡言于卲，迺复值？　一　二　三　二告　四

贞：亡言告于妣庚，叀羊用？　一　二　三　不玄黾　四　五

（2）行款方向相反

例：《合》419 正

贞：勿鸼，自上甲至下乙？一

贞：翌甲辰勿酒羌自上甲？一

3. 左正右负

例：《合》8987

贞：行以屮师暨屮邑？一　二　三　四　五　六

壬辰卜，亘，贞：弗其以𡩻？一　二　三　四　五　六　七　二告

4. 左负右正（未发现）

《合》13390 正（局部）

《合》5995 正

《合》419 正（局部）

《合》8987

（二）上下相对

1. 上下皆正

例：《合》20349

乙又在多亚？

乙又史今八月刀？

"又"通"有"，"史"通"事"，"刀"通"到"，

两条卜辞合起来表示：到八月时，多亚是否会有王事？

2. 上下皆负（未发现）

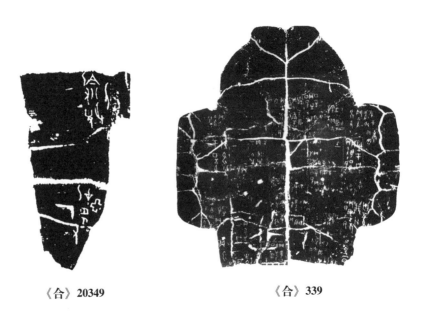

　　　　《合》20349　　　　　　　　　　　《合》339

（三）斜着相对

1. 位于两个象限

（1）位于一、三象限

例：《合》339

丙寅卜，古，贞：翌丁卯虫于丁？一

贞：翌丁卯虫于丁宰，虫一牛？

（2）位于二、四象限

例：《合》22094

壬寅卜，禦石于戊…？

禦石于安豕虫癸？

例：《合》902 正

翌甲寅虫伐于大甲？一 二告

贞：虫于大甲伐十虫五？一

2. 位于一个象限（未发现）

《合》22094

《合》902 正

二 相邻位置

（一）左右相邻

1. 左右皆正

例：《合》22074

乙未卜，禦于妣辛妣癸？ 一 二

惠羊？一 二

《合》22074（局部）

2. 左右皆负

例：《合》22258

辛丑卜，亡疾？

辛丑卜，亡口？

（二）上下相邻

1. 上下皆正

例：《合》10125

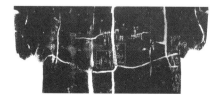

《合》22258（局部）

　　贞：令雀西延赢？一　二

　　贞：雀叶王事？一　二告

　　例：《合》19756

　　丙寅卜，右涉三羌其畱至师印？一　二　三

　　丙寅卜，右涉三羌其得印？一　二

2. 上下皆负

　　例：《合》12606

　　丙戌卜，贞：今夕亡囗？七月。一

　　贞：今夕不雨？七月。一

《合》10125

《合》19756

《合》12606

3. 上正下负

　　例：《合》22056

　　戊寅卜，燎于祖己？一　二

　　戊寅卜，不雨，隹…爵。一

4. 上负下正

　　例：《合》20017

　　乙丑卜，㫃，敱弱使人？

　　乙丑卜，㫃，屮乎来？

　　合起来表示：乙丑这天，㫃卜问，敱国是否会派人来？是否会派屮（“屮”可能是人名）来？

《合》22056

《合》20017

第三节　胛骨补贞

胛骨 { 相邻位置 { 左右相邻 { 左右皆正（例：《补》13204）
　　　　　　　　　　　　　　　左右皆负（未发现）
　　　　　　　　　　上下相邻 { 上下皆正（例：《合》12843 正）
　　　　　　　　　　　　　　　上下皆负（例：《合》39928）
　　　　相对位置（未发现）
　　　　相间位置（未发现）

一　相邻位置

（一）左右相邻

1. 左右皆正

（1）行款方向相同

例：《补》13189（图见第一章第一节）

戊子卜，㱿，贞：出于祖…

戊子卜，㱿，贞：王往戋…一

又例：《补》13204

辛未卜，争，贞：王于生七月入于商？

辛未卜，争，贞：王［隹］卒得？

合起来表示：辛未日，争卜问王在七月

《补》13204

是否会进入商地？是否会有所得？

（2）行款方向相反

例：《合》39874

《合》39874

癸丑卜，殸，贞：舌方其［出］一

癸丑卜，殸，贞：異及舌方？四月。

合起来表示：四月癸丑这天，殸卜问，異（人名）是否到了舌方，舌方是否会出……（可能是出兵攻打）

2. 左右皆负（未发现）

（二）上下相邻

1. 上下皆正

例：《合》12843 正

《合》12843 正

戊戌卜，奏蔑？二告

戊戌卜，惠豕⊔青？一

合起来表示：戊戌这天卜问，是否可以用豕和青奏蔑。（"奏蔑"可能是一种祷告活动。）

2. 上下皆负

例：《合》39928

乙未卜，㲋，贞：勿隹王自征𤞤？

贞：我勿伐𤞤？

合起来表示：乙未这天，㲋卜问，我方不攻伐𤞤地，王不亲自出征𤞤地，是否可行。

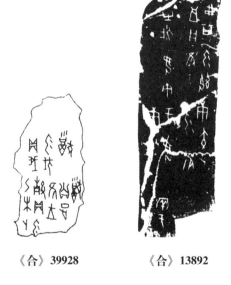

《合》39928　　　　《合》13892

又例：《合》13892

庚寅卜，勿唯于母庚禦？

勿禦雀于母庚？

二　相对位置（未发现）

三　相间位置（未发现）

第 六 章

三卜式与四卜式卜辞专题研究

第一节 三卜式、三角关系、三角排列
三个概念的区别和联系

一 卜辞文例研究的三个平面

卜辞是占卜的记录，是形式与内容的统一。研究卜辞文例要从卜法、内容、形式三个角度对其进行三个平面的研究。

1. 卜法平面：主要是研究占卜的方法和次数，卜辞的生成等。

2. 内容平面：主要是研究卜辞的内容以及卜辞与卜辞之间在内容意义上的关系。

3. 形式平面：主要是研究卜辞的行款形式、刻写位置、排列布局等。

二 三卜式、三角关系、三角排列三个概念的区别

三卜式卜辞：从卜法的角度划分出来的一种卜辞，特点是占卜三次，主要有三卜式重贞、三卜式对贞、三卜式选贞、三卜式补贞等。

三角关系卜辞：从卜辞内容之间的关系角度归纳出来的一种卜辞，例如：（1）与（2）是重贞，（2）与（3）是对贞，（1）与（3）又是选贞关系。

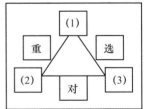

三角排列卜辞：从卜辞的刻写排列形式上归纳出来的一种卜辞，其特点是排列形式上呈现三角形状。

三　三卜式、三角关系、三角排列三个概念的联系

三卜式卜辞，内容上一部分是三角关系，一部分不是三角关系，刻写形式上一部分呈现三角排列，一部分不一定呈三角排列。

三角关系的卜辞，刻写形式上一部分呈现三角排列，一部分不一定呈三角排列。

三角排列的卜辞，是三卜式卜辞，在内容上一部分是三角关系，一部分不是三角关系。

第二节　龟甲三卜式卜辞

一　三卜式重贞

（一）三者皆正

1. 三者排列成一横行

例：《合》14128 正

贞：呼卣比臿？二告

贞：呼卣比臿？二告　二告

…呼卣比臿？

《合》14128 正（局部）　　　　《合》22209

2. 三者排列成一竖行

例：《合》22209

妣戊至盧豕？　二

妣戊盧豕？　允

妣戊。　二

3. 三者排列成三角形（详见本章第五节）

（二）三者皆负

1. 三者排列成横行

例：《合》20543

子兄亡值？

子兄亡值？

［子兄］亡值？

《合》20543

2. 三者排列成竖行

例：《合》21008 正

不易日？

不易日？

不易日？

3. 三者排列成三角形（详见本章第五节）

《合》21008 正

二　三卜式选贞

（一）三者皆正

1. 三者排列成一横行（未发现）

2. 三者排列成一竖行

例：《合》20925

于六日雨？　一

于七日雨？　一

于八日雨？　一

3. 三者排列成三角形（未发现）

《合》20925

（二）三者皆负

1. 三者排列成一行（未发现）

2. 三者排列成三角形（详见本章第五节）

三 三卜式补贞

（一）三者皆正

1. 三者平行，排列成一横行（未发现）

2. 三者平行，排列成一竖行（未发现）

3. 三者排列成一斜行

例：《合》21805

辛丑，子卜，其禦母司？

辛丑卜，中母己鼎？

辛丑卜，其禦中母己？

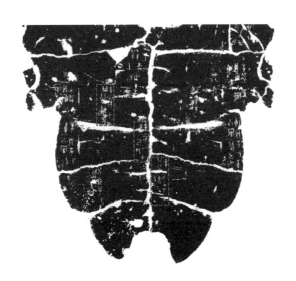

《合》21805（局部）

4. 三者不平行，排列成三角形（详见本章第五节）

（二）三者皆负（未发现）

（三）两正一负（未发现）

（四）两负一正（详见本章第五节）

四　三卜式对贞

（一）两正一负

1. 三者排成一横行

例：《合》7076 正

贞：今辛屮于上甲？ 一二

今辛亥勿屮于上甲？ 一

今辛亥屮于上甲？［用］。一

《合》7076 正（局部）

2. 三者排成一竖行

例：《合》22045

己亥卜，至雍巳母？ 一　二　三　四

己亥卜，不至雍？　　一

…卜，至雍今己？ 一　二　三　四

3. 排成三角形　　（详见本章第五节）

4. 正面背面各刻一部分

正面刻一、背面刻二

例：《合》656 正与《合》656 反

…卜，毂，［贞］：禦帚［好］于龙甲，乎屮

妾？ 一　小告　　（《合》656 正）

《合》22045（局部）

勿禦？

禦帚于龙甲？　（《合》656 反）

这三条卜辞形成两正一反式的三卜式对贞。

《合》656 正（局部）　　　　　　　　　《合》656 反（局部）

（二）两负一正

1. 三者横排

例：《合》766 正

乎比侯？ 二

勿乎比？ 二

勿乎侯？ 三

2. 三者竖排（未发现）

3. 三者排成斜线

例：《补》6860（图见第三章第二节）

癸丑卜，不嘉？

不嘉？ 二

嘉？

《合》766 正（局部）

4. 三者排成三角形（详见本章第五节）

5. 正面背面各刻一部分

例：壬寅，㞷，贞：永㞷鞀？ 一二三二告四五告六七

贞：永弗其㞷？ 一二三小告四五六七小告（《合》656 正）

弗其㞷？　（《合》656 反）

这组的三条卜辞在内容上形成两负一正式的三卜式对贞，在形式上正面刻写两条卜辞，背面刻写一条卜辞。

第三节　胛骨三卜式卜辞

一　三卜式重贞

（一）三者皆正

1. 三者相邻

（1）左右相邻（未发现）

（2）上下相邻

例：《合》9693

贞：呼妇好往，若？

贞：呼妇好往，若？

贞：呼妇好往，若？

2. 三者相间

（1）左右相间（未发现）

（2）上下相间

例：《合》9827

贞：乎关取乃？

贞：乎关取乃？

贞：乎关取乃？

（3）斜向相间

例：《合》6156 正

己卯卜，争，贞：于令句舌方？八月。一　二告

贞：句舌方？一

贞：句舌方？二

3. 三者相距

（1）左右相距（未发现）

（2）上下相距

A. 三者均匀相距

《合》9693

《合》9827

例：《合》13414

雷？

雷？

雷？

《合》6156 正

《合》13414

又例：《合》19381

屮来？

屮来？

［屮来］？

B. 三者不均匀相距

例：《合》17308

己亥卜，㱿，贞：曰戈以齿王？一

曰戈以齿王？三

曰戈以齿王？

《合》19381

（二）三者皆负

1. 三者相邻

（1）左右相邻

例：《合》15185

…贞：我勿为…

…贞：我勿为…

…贞：我勿为？

（2）上下相邻

例：《合》7990 正

癸…卜…贞：…

癸卯卜争贞：旬亡田

癸卯卜争贞：旬亡田

《合》17308　　　　　《合》15185　　　　《合》7990 正

2. 三者相间（未发现）

3. 三者相距

（1）左右相距（未发现）

（2）上下相距

A. 同自上向下刻写

例：《合》18870

不其？

不其？

不其？

B. 同自左向右刻写

例：《合》18878

勿凡？

勿凡？

勿凡？ 三　不玄黽

二　三卜式选贞

（一）三者皆正

1. 三者相邻

（1）左右相邻

例：《合》40363

本版为残片，据《英国所藏甲骨集》2119 补全为：

戊辰卜，兄，贞：翌辛未其虫于血室五大宰？七月。

戊辰卜，兄，贞：翌辛未其虫于血室十大宰？七月。

己巳卜，兄，贞：其叙于血室惠小宰？

《合》18870　　《合》18878

《合》40363

（2）上下相邻

例：《补》6950

丁未，其枫翌在祖丁宗？一

丁未，其枫翌日在父丁宗？一

丁未，其枫翌日在大丁宗？一

2. 三者相间（未发现）

3. 三者相距（未发现）

4. 排列成三角形

例：《合》19987

甲申卜，禦妇鼠妣己二牝牡？十二月。一

一牛一羊禦妇鼠妣己？一

一牛禦妇鼠妣己？一

《补》6950　　　　　《合》19987

三　三卜式补贞

（一）三者皆正

1. 三者相邻

例：《合》21473

…舞，今日从？

己巳卜，舞，今日从？

… 舞，今众舞？

2. 三者相间（未发现）

3. 二邻一距

例：《合》14879

庚子卜，秦自上甲？七月。一

庚子卜，贞：出于成？七月。一

庚子卜，尊？七月。一　一

（二）三者皆负（未发现）

《合》21473　　　　　《合》14879

四　三卜式对贞

（一）两正一负

1. 正正负

（1）左右相邻

例：《合》39655 正

壬申卜，㱿，贞：乎帚〔妌〕以燕先？

…〔卜〕…贞：乎帚妌以燕先于我？

…〔卜〕，㱿，贞：勿乎帚妌以燕…

（2）左右相间（未发现）

（3）上下相邻

例：《补》1853乙

舌方其来，王逆伐？二　二告

贞：舌方其来，王逆伐？二

王勿逆伐？

（4）上下相间

例：《合》13117

贞：翌庚子启？

贞：翌庚子启？

贞：翌庚子不其启？

《合》39655 正

（5）上下二邻一间

例：《合》1777

勿出于南庚？

出于南庚？

贞：其出曰南庚？

2. 正负正

（1）左右相邻（未发现）

（2）左右相间（未发现）

（3）上下相邻

例：《合》13869

戊申卜，贞：雀肩凡有出疾？六月。

戊申卜，贞：雀弗其肩凡出疾？二告

戊申卜，贞：雀肩凡出疾？二告

（4）上下相间

例：《合》12658

贞：亦盅雨？

贞：不亦盅雨？

贞：亦盅雨？

（5）上下二邻一距

例：《合》16381

贞：隹［若］？

《补》1853乙

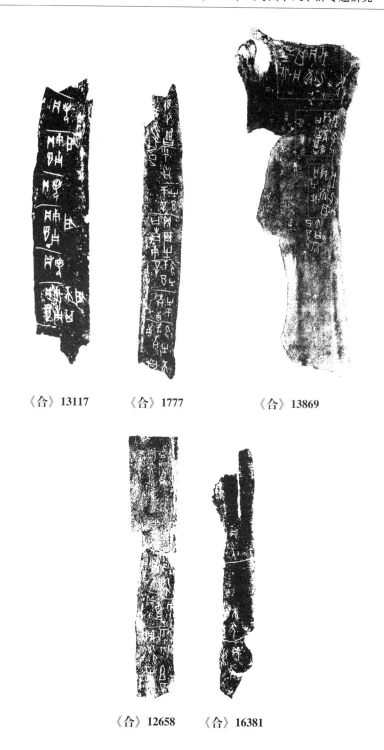

《合》13117　　　　《合》1777　　　　　《合》13869

《合》12658　　　《合》16381

不隹［若］？

贞：隹若？

3. 负正正

（1）左右相邻

例：《合》12054

戊戌不雨？

…卜，宾，贞：今日其雨？

…贞：今日雨？

（2）左右相间（未发现）

（3）上下相邻

例：《合》4723

贞：勿乎鸣从戊？

乎鸣从戊史旨？

贞：乎鸣从戊□□？

例：《合》850

贞：州臣不［其］得？二告

贞：州臣得？不玄黾

贞：州臣得？一

（4）上下相间

例：《合》7503 正

贞：来？

贞：㞢来？

贞：亡其来？

（二）两负一正

1. 负正负

（1）左右相邻（未发现）

（2）左右相间（未发现）

（3）上下相邻

例：《合》1879

贞：不隹祖丁？

《合》12054　　《合》4723

《合》850　　　《合》7503 正

贞：允隹祖丁？

贞：不隹祖丁？

（4）上下相间

例：《合》7447

贞：王勿比沚戬？

贞：王比沚戬？

贞：王勿比沚戬？

2. 负负正

（1）左右相邻（未发现）

（2）左右相间（未发现）

（3）上下相邻

例：《合》13599

贞：［于］乙［门］令？

贞：勿于乙门令？

贞：勿于乙门令？

（4）上下相间（未发现）

《合》7447　　《合》1879

3. 正负负

（1）左右相邻（未发现）

（2）左右相间（未发现）

（3）上下相邻

例：《合》7467

［贞］：王［比］沚戬？

贞：王勿比沚戬？

贞：王勿比沚［戬］？

（4）上下相间（未发现）

（5）上下二邻一间

例：《合》14260

［贞］：上子受我又？

贞：上子不我其受［又］？

《合》13599　　《合》7467

《合》14260　　《合》813

贞：上子不我其受［又］？

（6）上下二邻一距

例：《合》813

贞：妣壬彗王？

贞：妣壬弗彗王？

贞：妣壬弗彗［王］？

（7）三角排列

例：《合》21007 正

第四节　三角关系的卜辞

一　三角关系与三卜式对贞的区别

虽然三角关系与三卜式对贞都是占卜三次，但是三卜式对贞是两正一负或两负一正的对贞关系，是围绕一件事，用肯定或否定的语意来卜问，而三角关系的卜辞之间的关系就比较复杂，具体情况将在下文中举例说明。

二　三角关系的类型

三角关系的卜辞类型比较多，现举几种比较典型的例子。

1. 两条卜辞形成重贞，又分别与第三条卜辞形成选贞。

例：《合》8984

（1）庚午卜，于羌甲？

（2）庚午卜，于羌甲？　一

（3）庚午卜，于父辛？　一

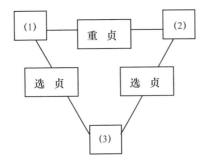

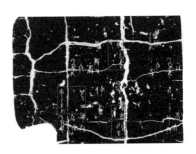

《合》8984（局部）

2. 两条卜辞形成补贞，又分别与第三条卜辞形成重贞。

例：《合》22130

(1) 戊午卜，祝亚束用十彘？

(2) 亚束？

(3) 用…十…

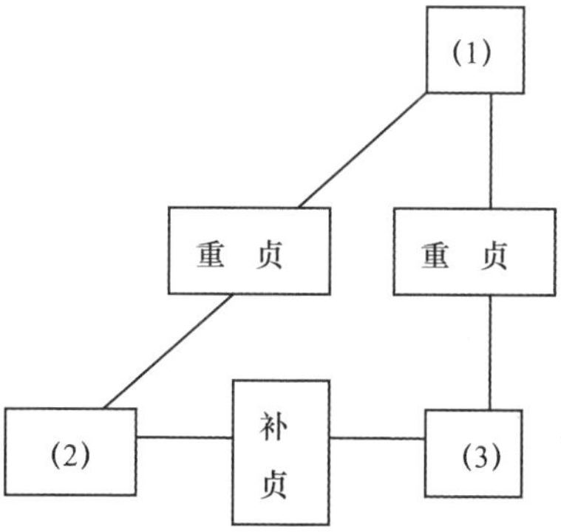

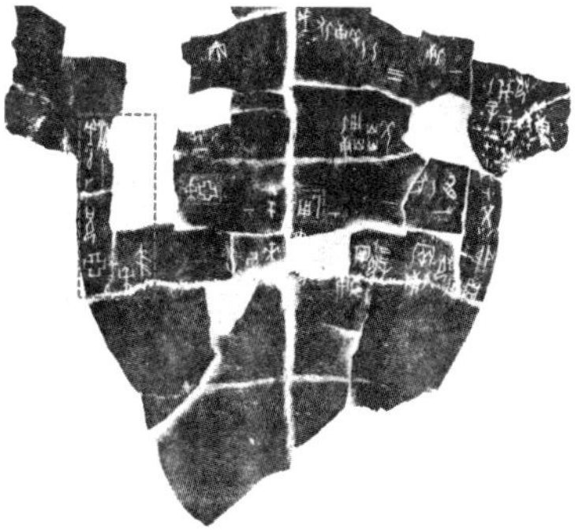

《合》22130（局部）

3. 两条卜辞形成重贞，又分别与第三条卜辞形成补贞。

例：《补》6925 正

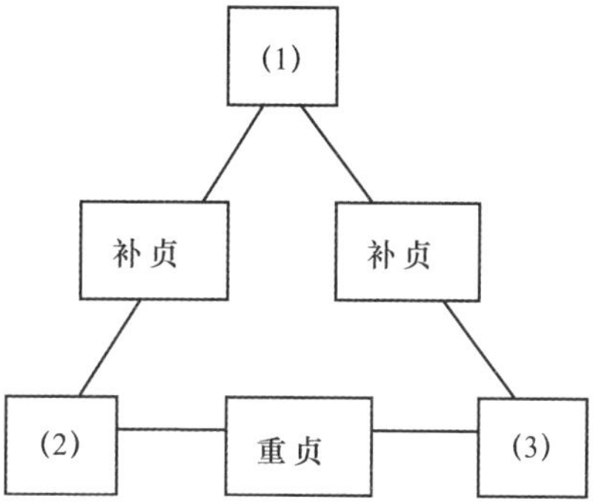

第一组

(1) 丁亥，令邑？生月。

(2) 丁亥，攺犬户？

(3) 丁亥，攺犬户？

这里的攺应是一种祭名，犬是祭牲，户是祭祀原因。生月，陈梦家①、裘锡圭②等学者解释为下月。

这三条卜辞相互补充，合起来的意思可能是：

丁亥这天，卜问下月是否命令城邑用犬为人户进行攺祭？

第二组：

(1) 辛卯，匄豖母？

---

① 陈梦家：《殷虚卜辞综述》，中华书局 1988 年版，第 117 页。

② 裘锡圭：《释“木月”“林月”》，《裘锡圭学术文集·甲骨文卷》，复旦大学出版社 2015 年版，第 338—343 页。

（2）辛卯，勾豕母？

（3）辛卯，酉今七十三犬？

4. 两条卜辞形成选贞，又分别与第三条卜辞形成补贞。

例：《合》190 正

（1）壬戌卜，㱿，贞：㞢于祖［乙］… 一

（2）㞢于祖乙五宰？ 一

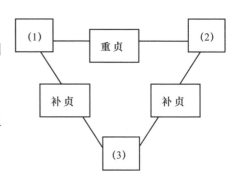

《补》6925 正（局部）

（3）三宰？

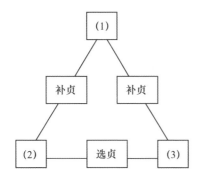

《合》190 正（局部）

5. 两条卜辞形成选贞，又分别与第三条卜辞形成对贞。

例：《合》9775 正与《合》9775 反

（1） 辛巳卜，争，贞：我不其受年？

（2） 贞：罟不其受年？二月。二告 （《合》9775 正）

（3） 㞢受年？（《合》9775 反）

这三条卜辞，在内容上《合》9775 正的两条卜辞之间形成选贞关系，两条卜辞又与《合》9775 反的第三条卜辞分别形成对贞关系。在形式上正面刻写两条卜辞，背面刻写一条卜辞。

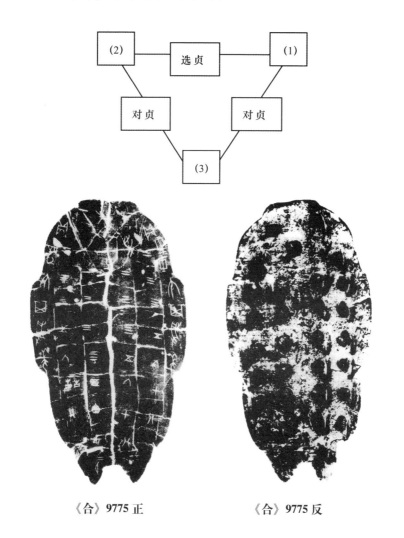

《合》**9775** 正 　　　　　　　《合》**9775** 反

第五节　三角排列的卜辞

三角排列的卜辞，从内容上分析，主要有重贞、对贞、选贞、补贞等。从具体排列形式上看，有的左边刻两条、右边刻一条，有的左边刻一条、右边刻两条，有的上边刻两条、下边刻一条，有的上边刻一条、下边刻两条，这样组合起来有四种基本类型（如下图）：

	左二右一	左一右二
上二下一	A	B
上一下二	C	D

一　三角排列的重贞

（一）三者皆正

有 B 式和 C 式，A 式和 D 式未发现。

B 式　例:《合》12051 正

贞: 呼求先得? 二 四

呼求先得? 一

呼求先从东得? 一二　三

C 式

a. 跨千里路的 C 式

例:《合》22241

乇小母? 一

乇龀小母? 三

乇龀小母? 用。一

b. 不跨千里路的 C 式

例:《合》13505 正

己亥卜，内，贞: 王有石在麓北东，作邑于之? 一 二告

《合》12051 正

王有石在麓，作邑于之？　二

作邑于麓？　三

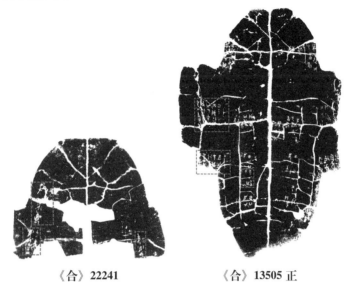

《合》22241　　　　　　　《合》13505 正

除了 B、C 两种形式外，还有其他形式。

E 式　左一右二，形成等腰三角形

例：《合》4464 正

（1）丁酉卜，争，贞：呼娥疾克？　二告

（2）呼娥疾克？

（3）呼娥疾克？　二告

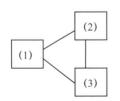

《合》4464 正

（二）三者皆负

只发现 B 式　例:《合》13604 正

贞: 祖乙若王不屯? 二告

贞: 祖乙若王不屯? 二告

贞: 祖乙若王不屯?

A 式、C 式、D 式三种排列形式未发现。

《合》13604 正

二　三角排列的选贞

（一）三者皆正

A 式　例:《合》19838

甲子 [卜], 酚大戊禦? 三

甲子卜, 㱿, 酚卜丙禦? 四

甲子卜, 酚丁中禦?

B 式（未发现）

C 式　例:《合》1051 正

屮王矢伐一, 卯宰? 一 二

屮王矢伐三, 卯宰? 一 二

屮王矢伐五, 卯宰? 一 二

《合》19838

《合》1051 正（局部）

D 式　例:《合》893 正

屮于上甲十伐, 卯十宰? 一

上甲十伐屮五, 卯十小宰? 一

贞：二十伐上甲，卯十小宰？ 一　二告

基本的三角排列形式外，还有其他形式的三角排列。

E式　例：《合》697正

（1）出于妣甲十㸇？ 一　二　三　四

（2）五㸇？ 一　二告

（3）六㸇？ 一　二告

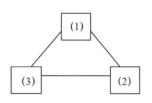

E 式

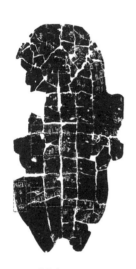

《合》893 正　　　　《合》697 正

F式　例：《合》6664 正

（1）贞：一宰于上甲，告我亡達？ 一二

（2）贞：出于上甲三宰，告我亡達？ 一二

（3）十豕于上甲？ 一二

（二）三者皆负

只发现了 A 式，B、C、D 三式暂时还没有发现。

A式　例：《合》22249

癸巳卜，贞：子踊亡田？

癸巳卜，贞：妇娶亡至口？

癸巳卜，贞：妇娶亡疾？

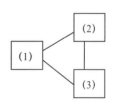

F 式

《合》6664 正

《合》22249（局部）

三　三角排列的补贞

（一）三者皆正

B 式　例：《合》14437

己丑卜，㱿，贞：燎于岳？三。

贞：燎？五月。三

贞：于岳燎？

《合》14437

《合》14732（局部）

C 式　例：《合》14732

辛未卜，㱿，今来甲戌酻王亥？一　二

辛未卜，㱿，王唯出匚酻于王亥？一　二

出于王亥?

A 式和 D 式（未发现）

（二）三者皆负（未发现）

（三）两正一负（未发现）

（四）两负一正

只发现了 B 式，其他几式暂时还没有发现。

B 式 例:《合》812 正

贞:翌甲午用多屯? 一 二 三

贞:亡屯? 一 二告 二

贞:王不泄? 一 二 二告 三 四

《合》812 正

四 三角排列的对贞

（一）两正一负

A 式 例:《合》14735 正

贞燎于王亥十牛? 一

贞勿十牛?

贞燎十牛? 一 一二 三

《合》14735 正

《合》924 正

B 式　例:《合》924 正

乙巳卜,殻,贞:乎子窒㞢于㞢祖宰? 二

贞:勿呼子窒㞢于㞢祖宰?

贞:呼子窒㞢于㞢祖宰? 一　二告　二

C 式　例:《合》13675 正

(1) 壬戌卜,古,贞:禦疾朕姒癸? 一

(2) 禦疾朕于姒癸? 一

(3) 贞:勿禦于姒癸? 一

(4) 癸亥卜,内,贞:呼般比戕?

(5) 勿呼般比戕? 一

(6) 呼般比戕? 一

这六条卜辞,以千里路为中轴,左三右三,
非常对称,表面上容易看成三组二卜式左右对贞,但是仔细辨别,就会
发现(1)(2)(3)和(4)(5)(6)都形成两正一负的三卜式对贞,
前者呈三角 D 式排列,后者呈三角 C 式排列,两组三角排列的卜辞互相
嵌套。

《合》13675 正

《合》838 正

D式   例:《合》838 正

甲寅卜,争,贞:俶以逸于垂?

贞:俶以逸于垂? 一 二

贞:俶弗其以? 二

另外,还有其他三角排列形式。

例:《合》901

(1)壬午卜,殻,贞:业伐上甲十又五,卯十小宰? 三

(2)业伐于上甲十又五,卯十小宰又五?

(3)勿卒有祐?

本组可以看作 B 式的变体。

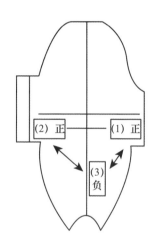

《合》901 (局部)

(二) 两负一正

A式   例:《合》787

癸亥卜,争,贞:我黍受有年? 一月。一 三

贞:勿𪊨黍受有年? 二

弗其受有年?

B式   例:《合》14888

贞:示弗又王? 五 六 七 八

贞:示弗 [又] 王? 一 二 三 四

丙申卜，宾，贞：示又王？［一］　　二　　三　　四

《合》787

《合》14888

C 式　　例：《合》10515 正

王往于田，弗以祖丁暨父乙，唯之？二　　（负）

王弗以祖丁暨父乙，不唯之？一　　（双重否定，相当于肯定）

王弗以祖丁暨父乙，唯之？一　　（负）

《合》10515 正

《合》1106 正（局部）

又例:《合》1106 正

贞：今乙卯不其［雨］？

贞：今乙卯不其［雨］？

贞：今乙卯允其雨？

D 式　例:《合》716 正

（1）亡来艰？一

（2）贞：其屮来艰？一

二告

《合》716 正（局部）

（3）亡来艰？一

这种形式可以看作 D 式的变体。

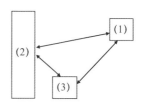

另外，除了在龟甲上有三角排列的三卜式对贞以外，在胛骨上也有三角排列的形式。

例:《合》21007 正

癸亥卜，易日乙丑？一

癸亥卜，不易日乙丑？一

乙丑不易日？一

这三条卜辞是一组三角排列的两负一正式对贞。

《合》21007 正

第六节　四卜式卜辞

一　四卜式重贞

例：《合》22211（图见第三章第一节）

壬午卜。

壬午卜。

壬午卜。

壬午卜。

癸未卜。

癸未卜。

癸未卜。

癸未卜。

二　四卜式对贞

（一）　三正一负

例：《合》122

（1）贞：执雍郄？一　二

（2）贞：执雍郄？三

（3）贞：执雍郄？四　五

（4）贞：勿执雍郄？一二三四五

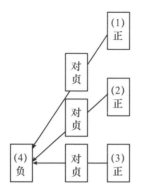

《合》122

（二）三负一正

例：《合》768 正

（1）勿虫于妣庚十垂？一

（2）贞：虫于妣庚十垂？一

（3）勿蕭虫十垂？二　二告

（4）勿虫于妣庚？二

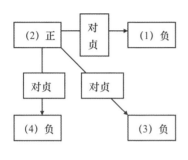

《合》768 正（局部）

又例：《合》176

（1）贞：戉隻羌？

（2）不其隻羌？

（3）贞：戉不其隻羌？

（4）贞：戉不其隻〔羌〕？

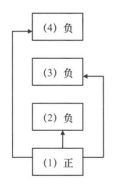

《合》176

三　四卜式选贞

例：《合》10903　（见第四章第一节）

贞：乎田从东？

贞：［乎］田［从］西？

贞：乎田从南？

贞：乎田从北？

四　四角关系

例：《合》946 正

（1）禦田于靳？　一　二告

（2）勿于靳禦田？

（3）于妣甲禦田？　一

（4）乙巳卜，㱿，贞：乎取十……

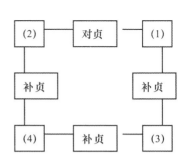

《合》946 正（局部）

又例：《合》6484 正

（1）贞：业犬于父庚卯羊？　三

（2）祝以之疾齿鼎赢？　三

（3）疾齿嬴？三

（4）不其嬴？三

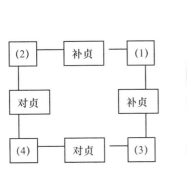

《合》6484 正

第七章

刻写位置与卜辞的关系研究

第一节　千里路与对应位置卜辞之间的关系

龟甲正中的那条贯穿首尾的竖线，甲骨学界称为"千里路"。甲骨卜辞中很大一部分卜辞都是以千里路为中轴进行对应式刻写，说明这种刻写形式已经成为一种惯常的模式。但是，对应式刻写的情况很复杂，有的卜辞与千里路平行，有的与千里路垂直，有的既不平行，也不垂直。另外，还有部分卜辞横向穿越千里路刻写，有的竖向骑跨千里路刻写。下面将分别予以详细举例说明。

```
                                   ┌ 左右重贞（未发现）
                      ┌ 与千里路相邻 ┤ 左右对贞（例:《合》17231）
                      │            │ 左右选贞（例:《合》22284）
          与千里路既不  │            └ 左右补贞（未发现）
        ┌ 平行也不垂直 ┤            ┌ 左右重贞（例:《合》12921 正）
        │             │ 与千里路相距 ┤ 左右对贞（例:《合》13793 正）
        │             └            │ 左右选贞（例:《合》16131 正）
        ┤                          └ 左右补贞（例:《合》13390 正）
        │                          ┌ 横向穿越千里路（例:《合》13752 正）
        └ （特例）跨越千里路 ┤ 竖向骑跨千里路（例:《合》12311 反）
                           └ 沿千里路刻在中甲上（例:《合》1086 正）
```

一　与千里路方向平行刻写

（一）与千里路平行又相邻

1. 左右重贞

例:《合》22301（图见第三章第二节）

辛丑卜，酌壬寅？三

辛丑卜，酌奉壬寅？四

2. 左右对贞

（1）左正右负

例:《合》4259 正

贞：般往来其出［国］？

《合》4259 正

一　二　二告　三　四　［五］

戊午卜，古，贞：般往来亡国？

一　二　三　四　五　二告

（2）左负右正

例:《合》9788 正

甲午卜，𡧊，贞：亚受年？一　二告　二

三　四　五

甲午卜，𡧊，贞：不其受年？一　二　三

告　四　五　六

《合》9788 正

3. 左右选贞

例：《合》21541

甲子卜，我唯禦肇祖若？　一

甲子卜，我又祖若？

4. 左右补贞

例：《合》19269 正

辛巳卜，㱿，贞：今□衔？　一　二　三　四　五

辛巳卜，㱿，贞：今十二月……

《合》21541　　　　　　　　　　《合》19269 正

（二）与千里路平行但是相距一段距离（不相邻）的卜辞

1. 左右重贞（未发现）

2. 左右对贞

（1）左正右负

例：《合》4264 正（图见第二章第二节）

戊午卜，古，贞：殷其有𡆥？　二告

戊午卜，古，贞：殷无𡆥？

（2）左负右正

例：《合》13555 正

戊戌卜，宁，贞：其爱东室？小告

贞：弗其爱东室？二告

《合》13555 正（局部）

3. 左右选贞

例：《合》9791 正

贞：微不其受年？二告

贞：畬不其受年？二告

4. 左右补贞

例：《合》5995 正

贞：亡言于邲洒复值？一 二 三 二告 四

贞：亡言告于妣庚惠羊用？一 二 三 不玄鼋 四 五

二 与千里路方向垂直刻写

（一）与千里路垂直又相邻

1. 左右重贞（未发现）

2. 左右对贞

（1）左正右负

例：《合》17079 正

贞：子㠱不殟？　一

子㠱其殟？　一

（2）左负右正

例：《合》13220 正

庚戌卜，古，贞：翌辛巳易日？王固曰：

易日。

贞：翌辛巳〔不〕其〔易日〕？

3. 左右选贞

例：《合》22047

癸未卜，㕚余于祖庚羊、豕、㪔？　一二

于祖戊禦余羊、豕、㪔？　一二

又例，《合》9792

丁亥卜，亘，贞：茉受年？　小告

丁亥卜，亘，贞：㫚受年？　小告

4. 左右补贞（未发现）

《合》17079 正

《合》9792

《合》13220 正

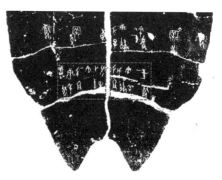

《合》22047（局部）

（二）与千里路垂直但是相距一段距离（不相邻）

1. 左右重贞

例：《合》20508

癸卯卜，贞：周…　三

癸卯卜，其克𢦔［周］？四月。三

2. 左右对贞

（1）左正右负

例：《合》17311 正

贞：王㞢訫不之？

贞：王㞢訫允之？

（2）左负右正

例：《合》11006 正

丙戌卜，［㱿］，贞：丁亥我狩罦？一

贞：翌丁亥勿狩罦？一

3. 左右选贞（未发现）

4. 左右补贞（未发现）

《合》20508

《合》17311 正

三　与千里路方向既不平行也不垂直

（一）与千里路相邻

1. 左右重贞（未发现）

2. 左右对贞

例：《合》17231

贞：王𠬪赢？

《合》17231

…囮不其赢？三

3. 左右选贞

例：《合》22284

祐中母奭？

祐妣庚豕？

4. 左右补贞（未发现）

《合》22284（局部）

（二）与千里路相距，沿边缘方向刻写

1. 左右重贞

例：《合》12921 正

壬辰卜，殻，贞：坐祖辛二牛？一

坐祖辛二牛？一

2. 左右对贞

（1）左正右负

例：《合》13793 正

贞：卑有囮？

癸亥卜，亘，贞：卑无囮？二告

《合》13793 正（局部）

（2）左负右正

例：《合》17185 正

癸［亥卜］，宾，贞：［其］史？［一］　　二

贞：不其史？　一　　二

贞：允唯蠱至？　一　　二　　三　　二告　　［四］

贞：不唯蠱至？　一　　二　　小告　　三　　不玄黽　　四

3. 左右选贞

（1）沿边缘方向刻写

例：《合》16131 正

贞：翌癸丑其雨？［一］　　二　　三

翌甲寅其雨？［一］　　　二　　三

《合》16131 正（局部）

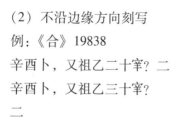

《合》17185 正

（2）不沿边缘方向刻写

例：《合》19838

辛酉卜，又祖乙二十宰？二

辛酉卜，又祖乙三十宰？

一　二

《合》19838

4. 左右补贞

例：《合》13390 正

癸酉卜，宾，贞：自今至于丁丑

其雨？二告

　　贞：其烄牛叙于唐？

《合》13390 正（局部）

四　特例：跨越千里路刻写

除了以千里路为中轴左右对应

外，部分卜辞的刻写很特殊，举例特别说明。

（一）横向穿越千里路

1. 自左向右刻写

例：《合》13752 正（对贞）

　　贞：㱿其㞢疾？王固曰：㱿其㞢疾。惠丙不庚？二旬㞢一日，庚申膿

🐭。一　二　三

　　贞：㱿亡疾。一　　二　　一　　一　　一　　二　　一

2. 自右向左刻写

例：《合》11497 正（单贞）

　　丙申卜，殻，贞：来乙巳酚下乙？王固曰：酚，隹㞢求，其㞢祟。乙

巳酚，明雨，伐既雨，咸伐亦雨，改卯鸟，星。一

《合》13752 正

《合》11497 正

例:《合》9572（单贞）

戊子卜，宾，贞：王［往］逐鹿于沚，亡灾？之日王往逐鹿于沚，允亡灾，获鹿八。

（二）竖向骑跨千里路

例:《合》12311 反

王固曰：庚［雨］？

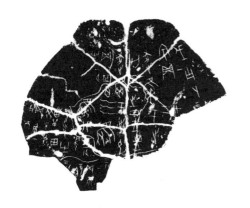

《合》9572　　　　　　　　　《合》12311 反

（三）沿千里路刻写在中甲上

例:《合》1086 正（图见第三章第二节）

辛酉卜，贞：自今五日雨？二告

自今辛五日雨？

卜辞"自今辛五日雨"沿千里路，向下刻写在"中甲"上，另一条卜辞"辛酉卜，贞自今五日雨。二告"刻写在右后甲和齿纹上。

第二节　相距位置卜辞之间的关系

相距位置就是卜辞之间相距一段距离刻写的卜辞。龟甲跨中轴相距卜辞一般是对应式刻写的卜辞，这部分卜辞在第一节中已有详细举例，所以本节不再赘述，本节所研究的龟甲相距位置指的是不跨中轴的相距位置。相距位置的卜辞之间的关系主要有下列类型：

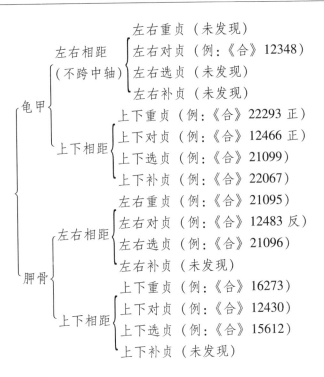

　　　　　　　　　　　　左右重贞（未发现）
　　　　　左右相距　　左右对贞（例:《合》12348）
　　　　（不跨中轴）　左右选贞（未发现）
　　龟甲　　　　　　　左右补贞（未发现）
　　　　　　　　　　　上下重贞（例:《合》22293 正）
　　　　　上下相距　　上下对贞（例:《合》12466 正）
　　　　　　　　　　　上下选贞（例:《合》21099）
　　　　　　　　　　　上下补贞（例:《合》22067）
　　　　　　　　　　　左右重贞（例:《合》21095）
　　　　　左右相距　　左右对贞（例:《合》12483 反）
　　　　　　　　　　　左右选贞（例:《合》21096）
　　胛骨　　　　　　　左右补贞（未发现）
　　　　　　　　　　　上下重贞（例:《合》16273）
　　　　　上下相距　　上下对贞（例:《合》12430）
　　　　　　　　　　　上下选贞（例:《合》15612）
　　　　　　　　　　　上下补贞（未发现）

一　龟甲相距位置

（一）左右相距（不跨中轴）

1. 左右重贞（未发现）

2. 左右对贞

例:《合》12348

乙丑卜,叔,贞:翌丙雨? 一

不雨?

3. 左右选贞（未发现）

4. 左右补贞（未发现）

（二）上下相距

1. 上下重贞

例:《合》22293 正（图见第三章第二节）

甲子卜,燎禽羊?

甲子卜,燎禽羊?

《合》**12348**

2. 上下对贞

例：《合》12466 正

贞：来庚寅其雨？

贞：来庚寅不其雨？

3. 上下选贞

例：《合》21099

乙未卜，呼人先尽人，易日？

乙未卜，呼人先尽人，今夕？三

4. 上下补贞

例：《合》22067

甲寅卜，又姚乙，人？

甲寅卜，又食告？

这两条卜辞合起来表示：在甲寅卜问，用食物向　　　　《合》12466 正

姚乙祭告，是否会得到姚乙保佑。

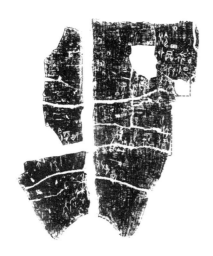

《合》21099　　　　　　　　　　　　　　《合》22067

二　胛骨相距位置

（一）左右相距

1. 左右重贞

例：《合》21095

丁未卜，今者火来毋？ 二

丁未［卜］，今者火来毋？ 三 四

2. 左右对贞

例：《合》12843 反

己亥卜，我燎其雨？

己亥卜，我燎亡其雨？ 二告

《合》21095　　　《合》21096　　　　《合》12843 反

3. 左右选贞

例：《合》21096

惠羊妣己？

惠牛妣己？

4. 左右补贞（未发现）

（二）上下相距

1. 上下重贞

例：《合》16273

其受虫又？

受虫又？

2. 上下对贞

例：《合》12430

贞：翌庚子其雨？

贞：翌庚子不雨

3. 上下选贞

例：《合》15612（图见第四章第三节）

辛亥［卜］，宾，贞：燎九［牛］？

贞：燎十牛？

4. 上下补贞（未发现）

《合》16273　　　　　　　　　《合》12430

第三节　相邻位置卜辞之间的关系

相邻位置就是卜辞之间邻近刻写。相邻位置的卜辞之间的关系主要有下列类型：

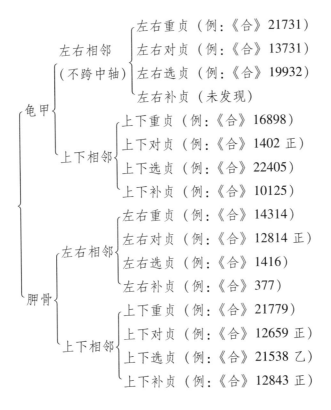

说明：由于跨中轴相邻位置的卜辞，在第一节中已有详细举例，所以本节不再赘述，本节所研究的龟甲相邻位置指的是不跨中轴的相邻位置。

一　龟甲相邻位置

（一）左右相邻（不跨中轴）

1. 左右重贞

例：《合》21731

癸丑，贞：至罘亡囚？二

癸丑，贞：至罘亡囚？三

2. 左右对贞　例：《合》13731

癸酉卜贞：章其坐疾？

贞：章亡疾？

《合》**13731**

《合》**21731**

3. 左右选贞

例：《合》19932（图见第四章第二节）

乙卯卜，自，一羊父乙不？

二羊父乙不？五月。

4. 左右补贞（未发现）

（二）上下相邻

1. 上下重贞

例：《合》16898

癸丑卜，贞：旬［亡］囚？

癸丑卜，贞：旬亡囚？

2. 上下对贞

例：《合》1402 正（图见第二章第二节）

贞：大［甲］宾于帝？二

贞：大甲不宾于帝？二

贞：下乙［宾］于帝？二

《合》**16898**

贞：下乙不宾于帝？二

3. 上下选贞

例：《合》22405

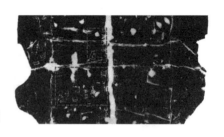

贞：勿鹫多口亡田？二

多舌亡田？二

4. 上下补贞

例：《合》10125（图见第五章第二节）

《合》22405（局部）

贞：令雀西延羸？一　二

贞：雀叶王事？一　二告

二　胛骨相邻位置

（一）左右相邻

1. 左右重贞

例：《合》14314

壬午卜，㱿，贞：妇姘，娩嘉？

壬午卜，争，贞：妇姘，娩嘉？二月。

2. 左右对贞

（1）左正右负

例：《合》12814 正

辛亥卜，㱿，贞：于乙门令？

辛亥卜，㱿，贞：勿于乙门令？

（2）左负右正

例：《合》12437

壬申卜，㱿，翌甲戌其雨？

壬申卜，㱿，翌甲戌不雨？

3. 左右选贞

例：《合》1416（图见第四章第三节）

辛酉卜，奉于大丁？三月。一　二　三

辛酉卜，贞：奉于大甲？一　二　三

《合》14314

《合》12814 正

《合》12437

4. 左右补贞

例：《合》377

庚辰卜，贞：㞢于岳三羌三小宰，卯三牛？一

庚辰卜，贞：衣祔岁，作醋，自祖乙至于丁？十二月。一

（二）上下相邻

1. 上下重贞

例：《合》21779

贞：戊辰雨？

贞：戊辰雨？

2. 上下对贞

例：《合》12659 正

贞：今夕其亦盅雨？

今夕不亦盅雨？

3. 上下选贞

例：《合》21538 乙

《合》377

…禦父庚三宰，又戠二，酌隹至…庚？

禦小辛三宰，又戠二，酌隹至…　一

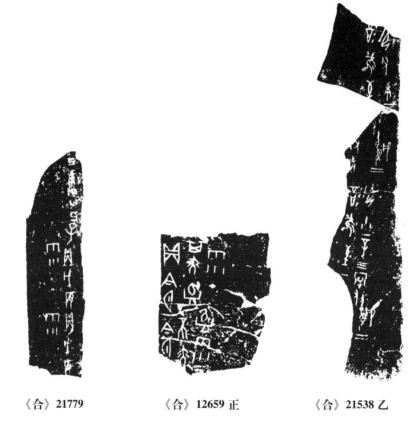

《合》21779　　　　　《合》12659 正　　　　　《合》21538 乙

4. 上下补贞　例：《合》12843 正（图见第五章第三节）

戊戌卜，奏薆？二告

戊戌卜，唯豕出毂？一

第四节　胛骨相间位置卜辞之间的关系

相间就是成组卜辞之间被其他卜辞间隔开。相间位置的卜辞之间的关系主要有下列类型（篇幅所限，不再重复列举图片和卜辞，第四、五两节只列举甲骨片号和在本书中出现的章节）。

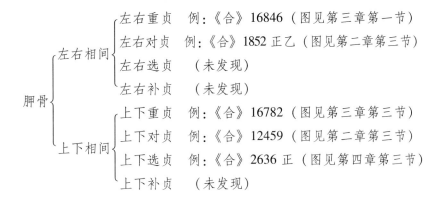

胛骨 ⎰ 左右相间 ⎰ 左右重贞　例：《合》16846（图见第三章第一节）
　　　　　　　 左右对贞　例：《合》1852 正乙（图见第二章第三节）
　　　　　　　 左右选贞　（未发现）
　　　　　　　 左右补贞　（未发现）
　　　　　 上下相间 ⎰ 上下重贞　例：《合》16782（图见第三章第三节）
　　　　　　　 上下对贞　例：《合》12459（图见第二章第三节）
　　　　　　　 上下选贞　例：《合》2636 正（图见第四章第三节）
　　　　　　　 上下补贞　（未发现）

第五节　斜向位置卜辞之间的关系

斜对、斜距、斜邻位置就是卜辞之间斜向相对、相距、相邻。它们主要有下列类型：

龟甲 ⎰ 斜向相对（跨中轴）⎰ 斜向重贞　例：《合》22264（图见第三章第二节）
　　　　　　　　斜向对贞　例：《合》1772 正（图见第二章第二节）
　　　　　　　　斜向选贞　例：《合》904 正（图见第四章第二节）
　　　　　　　　斜向补贞　例：《合》339（图见第五章第二节）
　　　 斜向相距（不跨中轴）⎰ 斜向重贞　例：《合》787（图见第三章第二节）
　　　　　　　　斜向对贞　例：《合》1402 正（图见第二章第二节）
　　　　　　　　斜向选贞　（未发现）
　　　　　　　　斜向补贞　（未发现）
　　　 斜向相邻 ⎰ 斜向重贞　（未发现）
　　　　　　　　斜向对贞　例：《合》14315 正（图见第二章第二节）
　　　　　　　　斜向选贞　例：《合》13116 正（图见第四章第二节）
　　　　　　　　斜向补贞　（未发现）
胛骨 ⎰ 斜向相距 ⎰ 斜向重贞　例：《合》16857（图见第三章第三节）
　　　　　　　　斜向对贞　例：《合》9040 正（图见第二章第三节）
　　　　　　　　斜向选贞　例：《合》13868（图见第四章第三节）
　　　　　　　　斜向补贞　（未发现）
　　　 斜向相邻 ⎰ 斜向重贞　（未发现）
　　　　　　　　斜向对贞　（未发现）
　　　　　　　　斜向选贞　例：《合》15981（图见第四章第三节）
　　　　　　　　斜向补贞　（未发现）

第 八 章

第一期卜辞文例研究成果的应用研究

第一节　卜辞文例规律在学术研究上的应用

一　推断同版上的残缺卜辞

1. 一般文例型

例：《合》8969 正

（1）…牛

（2）我勿以戠牛？二告

（3）囝…［叶］

（4）其有囝？

（5）…卜丙㞢王？

（6）贞：卜丙弗㞢王？

（5）与（6）是左负右正型的对贞，（2）在左边，是否定句，根据对贞的规律，可以推断（1）为：［我以戠］牛。这样（1）—（2）也形成左负右正型的对贞。这六条卜辞表面上没有关系，其实是一组补贞，合起来表示：询问王是否有祸？是否丙在㞢王？是否要用牛来祭告？

2. 特殊文例型

例：《合》10125

（1）庚子卜，㱿，贞：年有㞢？五月。

（2）庚子卜…年…

《合》**8969** 正

尽管卜辞（2）是残辞，但是根据殷人的占卜习惯，以及文例的规律，可以推断卜辞（2）是表达相反的意思，可以将其补为：庚子卜［㱿，贞］：年亡㚒？这两条卜辞是上下斜着对贞，且只在千里路的左边，类似的卜辞第二章第二节中举过例。（《合》9774 正，图见第一章第二节）

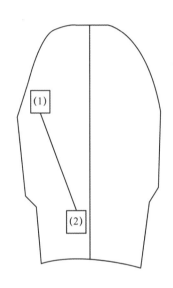 

《合》**10125**

二 推断同版上残缺的成组卜辞

1. 一般类型的成组卜辞

例：《合》1657 正（重复对贞）

丙寅卜，□，贞：父［乙宾］于祖乙？一

［父乙］不［宾于祖］乙？［一］

贞：父乙［宾］于祖乙？（原片漏刻"二"）

父乙不宾于祖乙？二

［贞：父乙宾于祖乙］？三

父乙不宾于祖乙？三

［父乙］宾于祖乙？四

父乙不宾于祖乙？四

父乙宾于祖乙？五

父乙不宾于祖乙？五

本版龟甲上有五条残辞，但是根据对贞和重复对贞的规律，可以将残缺的卜辞补充完整，补全后，便成为一组重复五次的重复对贞，非常整齐。上面卜辞中方括号里边的文字都是根据卜辞的文例规律推断出来的。

2. 特殊类型的成组卜辞

例：《合》1656 正（对选）

（1）壬申卜，争，贞：父乙跻羌甲？一 二 二告 三 四 五 六 七 八 九 十

（2）壬申卜，争，贞：父乙弗跻羌甲？一 二 三 四 五 六 七 八 九 ［十］

（3）父乙跻祖乙？一 二 三 四［五］六 七 八 九 十

（4）父乙跻南庚？一 二 三 四 五 六 七 八

（5）父乙弗跻南庚？一 二 三 四 五 六 七 二告 八 九

《合》1657 正

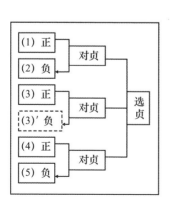

《合》1656 正

这五条卜辞，卜问究竟"跻羌甲""跻祖乙"，还是"跻南庚"，（1）—（2）与（4）—（5）分别是两组对贞，只有第（3）条卜辞是单贞，根据前文的文例规律，可以推断，还应有一条卜辞与第（3）条卜辞相对，这样就形成由三组对贞组成的对选卜辞。可以推断残缺的卜辞为：（3）′父乙弗跻祖乙？　一　二　三　四　五　六　七　八　九　十。

三　推断异版上的残缺卜辞

例：《合》9520 的第（6）条卜辞是残辞；《合》9521 只有一半，缺两条卜辞，但是由于《合》9520、《合》9521、《合》9522、《合》9523、《合》9524 五版重复形成一套卜辞，而且《合》9522、《合》9523、《合》9524 的第（5）（6）两条卜辞相同，所以可以推断出：

《合》9520

（6）甲辰卜，［㱿］，贞：王勿［卒入］于刘入？

《合》9521

（5）［甲辰卜，㱿，贞：王入？］

（6）［甲辰卜，㱿，贞：王勿卒入，于刘入？］

其他各版上的残缺卜辞都可以通过互相参照、互相补充而补全，补充后的卜辞如下：（按片号依次排列：《合》9520、《合》9521、《合》9522、《合》9523、《合》9524）

（1）［乙］卯卜，㱿，贞立乘？　一
（2）贞王勿立乘？　一
（3）甲辰卜，［㱿］，贞王宾翌日？　一
（4）贞王咸酚蒸，勿宾翌日？　一
（5）甲辰卜，［㱿］，贞王入？　一
（6）甲辰卜［㱿］，贞王勿［卒入］，于刘入？　一（《合》9520）

（1）乙卯卜，㱿，贞王立乘若？　二
（2）贞王勿立乘？　二
（3）甲辰卜，㱿，贞王宾翌日？　二
（4）贞王咸酚蒸，勿宾翌日？　二
（5）［甲辰卜，㱿，贞王入？］
（6）［甲辰卜，㱿，贞王勿卒入于刘入］？（《合》9521）

（1）贞［王］立乘若？三

（2）贞王勿立乘？三

（3）贞王卒宾翌日？三

（4）贞王咸酚蒸，勿宾翌日上甲？三

（5）［甲］辰卜，哉贞王入？三

（6）甲辰卜，哉，贞王勿卒入，于刘入？三（《合》9522）

（1）乙卯卜，哉，贞王立乘？

（2）王勿立乘？四

（3）贞王宾翌日？

（4）［贞］王咸［酚］蒸，勿节翌日？四

（5）甲辰卜，哉，贞王入？四

（6）甲辰卜，哉，贞王［勿］卒入于刘入？四（《合》9523）

（1）乙卯卜，［哉］，［贞］王［立乘］？五

（2）贞王勿立乘？五

（3）贞王卒［宾］翌日？五

（4）贞王咸酚蒸，勿宾翌［日］？五 □告

（5）甲辰卜，哉，贞王入？五

（6）甲辰卜，哉，贞王勿卒入，于刘入？五（《合》9524）

《合》9520

《合》9521

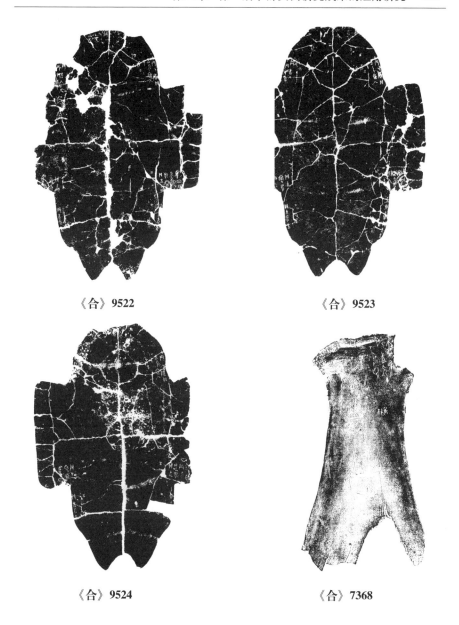

《合》9522　　　　　　　　　　　　《合》9523

《合》9524　　　　　　　　　　　　《合》7368

四　推断与构拟异版上的成组卜辞

例:《合》7365、《合》7366、《合》7367、《合》7368。

这四条卜辞虽然都是单贞,但是根据对贞的规律,都应该有一条与其相对应的卜辞,根据《合》7367与《合》7368后面刻写的数字,可以推断还应该有一条卜辞与其相呼应。所以可以推断与构拟出一组异版重复对贞的成套卜辞。

    [己亥卜，争，贞：王立中？]　[不玄黾]　[一]（原片丢失）

    [己亥卜，争，贞：王勿立中？]　[不玄黾]　[一]（原片丢失）

    [己亥]卜，争，贞：王立中？　[不玄黾]　[二]（残片）（《合》7365）

    己亥卜，争，贞：王勿立中？　不玄黾二（《合》7367）

    [己亥卜]，争，贞：王立中？　[不玄黾]　[三]（残片）（《合》7366）

    己亥卜，争，贞：王勿立中？　不玄黾 三（《合》7368）

《合》7365　　　　　　《合》7366　　　　　　《合》7367

五　校订甲骨原片上卜辞的刻写错误或探究疑惑之处

例：《合》14755 正

（1）贞：翌丁卯奏舞，屮雨？

（2）翌丁卯勿亡其雨？

卜辞（2）中连用两个否定词"勿""亡"，这种用法在甲骨文中很罕见，结合文例来看，其上方的两条卜辞为左负右正型的对贞卜辞：

（3）贞：屮于父乙？　一

（4）勿蠢于父乙？　二

可以推断有两种可能：

1.（1）（2）为左负右正型的对贞卜辞，卜

《合》14755 正

辞（2）中的否定词刻写有误，应该去掉一个，其正确的卜辞应为："翌丁卯亡其雨"，或"翌丁卯勿舞其雨"，"翌丁卯勿奏舞其雨"。

2. 原辞中可能有省略，补全应为："翌丁卯勿奏舞亡其雨"，或"翌丁卯勿舞亡其雨"。如果是省略，则刻写没有错误，只是两个否定词连用，容易引起误解。

六　校订甲骨文释读书中的问题

1. 校订疏忽遗漏的地方

例如：《合》635 正，《甲骨文合集释文》中的释文如下：

（1）贞：乎呑白于𠂤? 一　二　三　四　五　六　七　八　九　二告　十　一

（2）贞：乎呑白于𠂤? 一　二　三　四　五　六　七　八　二告　九　十

这两条卜辞位于龟版左右相对位置，尽管处于左右相对位置的卜辞有重贞、对贞、选贞、补贞等几种关系，但是最主要的是对贞关系，仔细辨认，就会发现右边那条卜辞的"呑"字上方有一个"勿"字。第（2）条卜辞补充完整应为：贞乎勿呑白于𠂤。这样两条卜辞就形成了左正右负型的对贞卜辞。

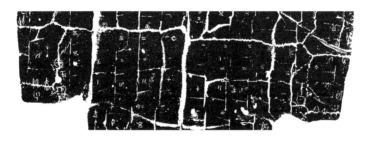

《合》635 正（局部）

2. 帮助校订摹释错误的地方

例：《合》22436《殷墟甲骨刻辞摹释总集》（以下简称《摹释总集》）中的释文如下：

庚辰卜见龖

庚申…见猏

疑"辰"有误，查原片，"辰"字应为"申"字，再结合文例看，这是一组左右相邻行款相反的同日选贞。

　　　《合》22436（局部）　　　　　　　《合》22066

3. 帮助校订卜辞分条错误的地方

例：《合》22066

《摹释总集》的释文中有一条卜辞："惟羊有豕。"这条卜辞应分为两条卜辞"惟羊"和"有豕"。分开后，分别与另外的卜辞构成一组重贞，一组补贞。

（1）惟羊

（2）乙未卜禦于妣乙羊

（3）有豕

（4）丙申卜岁侑于父丁

（5）豕于父丁

（1）与（2）形成重贞，（3）（4）（5）互相补充形成补贞，从意义上看，三条卜辞可以合起来表示：丙申日，用豕向父丁进行岁祭和侑祭。

例：《合》22130（图见第六章）

《摹释总集》释文中有两条卜辞：

戊午卜用十…

祝亚束龚

这两条卜辞应合并为一条："戊午卜，祝亞束用十龚?"合并后与另外两条卜辞："亚束…"，"用…十…"形成三角关系。（图见第六章第四节）

《合》21779

又例：《合》21779

《甲骨文合集释文》中的释文如下：

戊辰。

戊辰，贞雨。

己巳，贞雨。

己不雨。

《甲骨文校释总集》中的释文如下：

戊辰…

戊辰，贞雨。

己巳，贞雨。

己不雨。

《殷墟甲骨文摹释全编》中的释文如下：

戊辰…

戊辰贞雨

己巳贞雨

己不雨

这几套书中的释文分条不甚合理，"雨"字上边是空的，不合刻写的习惯，合理分条应为：

（1）贞：戊辰雨?

（2）贞：戊辰雨?

（3）…己巳?

（4）…己不雨?

（1）（2）形式一组重贞。

第二节 卜辞文例规律在读者阅读中的应用

对于一个读者来说，通过查阅《甲骨文字典》《甲骨文合集释文》《摹释总集》等工具书和专著，可以读懂一些甲骨刻辞，但是有时可能只是孤立的单条刻辞，如果弄懂了甲骨刻辞的文例规律，理解了甲骨刻辞之间的联系，则既节省时间，也能更深地理解甲骨刻辞的意思。

下面以殷墟甲骨第一期刻辞为例，来看看怎样才能更快捷地读懂甲骨刻辞。

第一，当一片龟甲上有很多刻辞时，在阅读顺序上首先应该考虑从第一象限读起（也就是右上角那一部分），根据本书第二章对大版龟甲对贞卜辞的统计分析可以看出，卜辞大约70%都是对贞卜辞，对贞卜辞约88%是左右对贞型卜辞，左右对贞型卜辞约87%都是"左负右正"型对贞卜辞。在上下对贞卜辞中，90%都是"上正下负"型对贞卜辞。所以如果从第一象限读起，则容易找到线索和契机。如果在第一象限读不懂的情况下，可以考虑再从其他象限读起。

第二，当读完一条卜辞时，应该考虑到与其左右相对的位置去寻找看有没有与它相互对应的卜辞，如果与其左右相对的位置上没有与其相对应的卜辞，就到与其上下相对的位置和斜向相对的位置上去寻找。如果在左右相对、上下相对、斜向相对的位置上都没有与其相互对应的卜辞，就看其周围相邻位置上有没有与其相互对应的卜辞。

第三，寻找卜辞相互对应的卜辞时，要注意，它们除了对贞关系外，还有重贞、选贞、补贞、递贞关系。

第四，当找到一组二卜式对贞卜辞时，还要再找找有没有与它们呼应的第三、第四条卜辞，因为除了二卜式对贞，还有三卜式对贞、四卜式对贞暨多卜式对贞。另外，不管是对贞、重贞、选贞、补贞都有可能有第三条卜辞与它们形成三角关系，找到成双成对的卜辞时，还要再找找看有没有与它们有关系的卜辞。

第五，找到一组对贞、选贞、补贞后，再找有没有重复的成组卜辞与它们形成重复对贞、重复选贞、重复补贞。

第六，正面读完后，还要看看背面的卜辞与正面的卜辞有没有关系，有的龟甲正面与背面的卜辞也会形成对贞关系。

第七，读完一片后，要再想想与其他片有没有什么联系，因为不同的甲骨片有的可能是成套卜辞，有的是一版碎裂后的碎片，如果有联系，可以再考虑是否可以把它们系联起来组成一套卜辞，或者把碎片缀合起来。

第八，对于语序怪异不好理解的卜辞，可以将其切分成若干小语段，再按照现代汉语的语序重新组合排列，并结合与其对应的对贞、重贞、选贞、补贞等卜辞将其读懂。

第九，虽然卜辞中对称型卜辞占了很大的比例，但是不对称的卜辞也很多，所以在寻找对应位置的卜辞时，也要注意不对应位置的卜辞，以免有所疏漏。

第十，并不是所有的卜辞刻写都有规律，有的卜辞刻写有很大的随意性，并不遵循固定的模式，所以在注意规律的同时，也不要太教条。

总之，当拿到一片甲骨片时，不要急着去查工具书，而要先结合以上这几条规律，琢磨着自己想办法来读懂，读不懂的情况下再去查阅工具书，这样练习一段时间后，阅读甲骨片的能力和速度就会大大提高。

第 九 章

第一期卜辞文例与商代文化研究

第一节 对武丁时期占卜制度的探讨

一 卜轮、卜次、卜遍的区别与联系

为了探讨武丁时期的占卜制度有必要先确定和区分几个概念：卜轮、卜次、卜遍。

卜轮：围绕一件事情或一个问题进行占卜时形成的回合，可以称为"卜轮"。一个占卜的回合，就是一个卜轮，一个卜轮可以占卜若干次。例如：要卜问明天是否会下雨，先用肯定的语意卜问一次，再用否定的语意卜问两次，三次卜问，围绕同一个话题，形成一个卜轮。

卜次：围绕一件事情或一个问题进行占卜的次数，可以称为"卜次"。

卜遍：每一次卜问反复进行的遍数，可以称之为"卜遍"。

假如要卜问明天是否会下雨，先用肯定的语意卜问一次，再用否定的语意卜问两次，每次可以连续卜问七遍，三次就是 21 遍。也可以只用肯定或只用否定的语意卜问好几次，每次可以卜问好多遍。

例：《合》7023 正

己酉卜，宾，贞肇✳? 一 二告 二 三 四 五 六 二告 七

一 二 二告 三 四 五 ［六］ 二告 七

一 二 三 四 二告 五 ［六］ 二告 ［七］

这组卜辞，重贞了三次，每次占了七遍。这组卜辞的"卜轮"是一，"卜次"是三，每个"卜次"的"卜遍"是七。

再举一个生活中的例子，一个人犹豫不决，不知道过几天究竟去不

去旅游，他可能会反复地问自己："过几天我去吗？去吗？去吗？""过几天我不去吗？不去吗？不去吗？"如果是占卜，这些问话就形成一个卜轮，卜次是二（正反各问一次），每次卜问的卜遍是三，类型是二卜式对贞。如果在两个时间段重复思考同样的问题，则形成两个卜轮，形成重复对贞。

《合》7023 正

$$\begin{cases} \text{过几天我去吗？去吗？去吗？} \\ \text{过几天我不去吗？不去吗？不去吗？} \end{cases}$$

$$\begin{cases} \text{过几天我去吗？去吗？去吗？} \\ \text{过几天我不去吗？不去吗？不去吗？} \end{cases}$$

↓

$$\begin{cases} \text{翌日我往？　　　一　二　三　一} \\ \text{翌日我不其往？一　二　三} \end{cases}$$

$$\begin{cases} \text{翌日我往？　　　一　二　三　二} \\ \text{翌日我不其往？一　二　三} \end{cases}$$

本书中所说的"二卜式""三卜式""四卜式"指的是"卜次"。

二　单卜制、二卜制、三卜制与多卜制的并存

通过本书第一章第三节对卜辞类型的统计分析，可以看出，在所统计的大版龟甲的卜辞条数中，单贞条数占 14.10%（约 1/7）。

在本书第二章第五节所统计的 1562 条卜辞中，二卜式对贞 1014 条，占卜辞总条数的 64.96%（约 3/5）；三卜式对贞 78 条，占卜辞总条数的 4.99%；四卜式对贞 8 条，占卜辞总条数的 0.51%。

通过这些统计数据可以看出，武丁时期使用的占卜次数，最多的是二卜，其次依此是单卜、三卜、四卜。

虽然统计表中没有显示"多卜式"卜辞，但是这两张表选取的只是比较完整的大版龟甲，只占第一期甲骨片总数的 1% 左右，在统计表以外的甲骨片中，可以看到多卜式卜辞。

如果以表 1-1 和表 2-1 作为样本，可以大致推断殷商武丁时期占卜制度的基本模式是以二卜制为主，单卜制和三卜制为辅，偶尔使用四卜

制和多卜制。

总之，武丁时期形成了以二卜制为主的多种占卜制度并存的格局。

第二节　对商代人认知模式和思维方式的探讨

一　"生疑—卜问—启示—检验"式认知模式

从殷商武丁时期的卜辞可以看出，一个完整的占卜过程包括以下几个环节：

1. 生疑，就是心生疑惑的阶段。

2. 卜问，就是具体地钻灼占卜，当王公心中有了疑惑，并认为心中的疑惑自己无法解除，需要求助于某种外在的力量来解除时，就进行占卜，当时的占卜活动比较神圣，不像现代人有时把占卜当游戏。

3. 启示，就是卜师从卜纹裂迹上得到某种启示，以判断吉凶祸福。

4. 检验，就是占卜的结果在实践中进行检验，根据应验情况在甲骨卜辞后边追加"验辞"。

从认知角度，整个占卜过程可以看作一种程序化的认知模式：生疑—卜问—启示—检验。

这个认知模式，从疑惑和问题出发，通过卜问和解释兆纹得到某种启示，以消解疑惑，最后在实践中，使部分疑惑和问题得到某种程度的消除。但是在社会生活实践中，问题和疑惑会不断出现，当新出现的疑惑和问题主体无法解除时，就需要继续求助于某种外在的力量来解除疑惑，则需要进行下一轮新的占卜，新的占卜需要在实践中进行新的检验。这样源源不断地循环，把商代人对外在世界的认知活动不断推向前进。在反复的认知实践中，商代人的质疑提问水平、钻灼占卜水平、解释兆纹得到某种启示的水平在不断地提高，从而使认知能力不断得到提高。

我们不能把当时的占卜活动仅仅看作一种迷信活动，从整个认知过程来看，占卜只是其中的一个环节，更重要的是当时的人不断地在实践中检验占卜的结果，从卜辞中的"验辞"可以看出来，应验了的占卜结果往往加"允……"，这说明当时的人已经能比较客观地认识占卜结果，占卜结果不一定可靠，有的能应验，有的不一定能应验。忠实地记录占卜结果的应验情况，这种态度，说明当时的人虽然占卜，却并不完全迷信。

　　其实，现代一部分人也常遵循这样的认知模式，当心中有了疑惑时，就去请教有经验的人帮忙分析判断预测事情发展的结果，以得到某种启示和心理暗示，最后在实践中检验预测的结果。不管经验多么丰富的人，只能大致预测事物的发展趋势，而事情究竟会怎样发展，还得看实践主体的实践能力和努力程度。同理，不管多么高明的卜师只能预言事物发展的大致趋势，而不可能完全准确预测事情发展的终极结果。

　　尽管商代人也勤于思考和实践，却不能像现代人一样更能把握自己命运，其中原因之一就是，在认知模式的第二个环节上，商代人是占卜而现代人是科学分析。从认知发展和学习成长的角度来看，商代人的认知能力在反复的占卜实践中不断地在提高，但是由于认知环节上缺乏科学分析，所以他们的认知能力的提高相对来说是非常缓慢的。

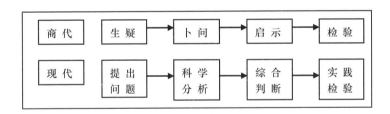

二　"正反同源"型的思维方式

　　通过本书第一章和第二章的统计分析，可以看出，卜辞总数的60%—70%都是对贞卜辞，而对贞卜辞中的92%都是二卜式对贞。二卜式对贞，就是围绕一件事，用肯定的语意和否定的语意各占卜一次，以判断事情的吉凶祸福。

　　从空间维度看，事物具有两面性，从时间维度看，事物的发展会有两种不同的趋势。一正一反式地卜问，说明当时的人在空间维度能从正反两个方面来思考问题，在时间维度上能从事物发展的两种不同的趋势来思考问题，而不是只看到事物的一面或事物发展的一种趋势。

　　二卜式对贞的肯定问和否定问都是围绕同一件事情展开的，也就是说是"正反同源"的。"正反同源"有两层含义：从客观上来看，事物具有两面性，事物的发展会有两种不同的趋势；从主观上来看，观察和思考问题时，既要看到事物的一面，也要看到事物的另一面，想到事物的一种发展趋势，还要想到事物的另一种发展趋势。

尽管当时的人可能并不知道这些抽象的理论，但是他们在社会生活实践中已经不自觉地具有了这种思维方式的认知实践活动。

三　"三盘二胜"型的博弈式思维方式

从三卜式卜辞可以看出当时的人已经有了"三盘二胜"型的博弈式思维方式。

占卜和博弈一样都具有风险性，占卜时吉凶的概率各占50%，假如只占两次，占卜结果吉一次，凶一次，则难以判断究竟是吉还是凶。为了避免难分吉凶的局面出现，可以占卜三次，吉凶的次数哪个多，则哪个就成为最终的占卜结果。

博弈时成功和失败的概率也各占50%，如果博弈时只博两次，假如博弈双方各成功一次，各失败一次，则双方难辨胜负，难分高低。为了避免难分高低的局面出现，则一般博弈三次，哪方胜的次数多，哪方则被视为最终胜利者。

从这个角度来看，占卜和博弈的思维方式是相通的，尽管商代的人可能并不知道什么是博弈，但是博弈这种思维方式已经在那时孕育和萌芽。

从客观上来看，"三卜式"卜辞的占卜结果"三盘二胜"，避免了"二卜式"卜辞占卜时难决吉凶的状况。

从主观上来看，两正一负和两负一正式的对贞卜辞，则反映了占卜者主体心中的心理倾向或关注的语意焦点，两正一负说明占卜主体心中倾向于肯定，两负一正说明占卜主体心中担心出现否定的情况。

例：《合》13117

贞：翌庚子启？

贞：翌庚子启？

贞：翌庚子不其启？

这组卜辞，卜问庚子日是否会天晴，两次用肯定的语气卜问，一次用否定的语气卜问，可能贞问的人心理上倾向于期待"天晴"。

例：《补》1853 乙

舌方其来，王逆伐？二

贞：舌方其来，王逆伐？二

王勿逆伐？

这组卜辞，卜问王是否逆伐舌方，两次用肯定的语气卜问，一次用否定的语气卜问，可能贞问的人心理上倾向于"逆伐"。

例：《补》6860

癸丑卜，不嘉？

不嘉？二

嘉？

这组卜辞，两次用否定的语气卜问，一次用肯定的语气卜问，可能贞问的人心理上更担心"不顺利"。

例：《合》716 正

亡来艰？一

贞：其屮来艰？一　二告

亡来艰？一

这组卜辞，卜问是否有灾难，两次用否定的语气卜问，一次用肯定的语气卜问，可能贞问的人心理上更倾向于"亡来艰"（不要出现什么灾难）。

四　思维方式的发展

从前边的分析可以看出，殷商武丁时期的占卜制度是单卜制、二卜制、三卜制与多卜制并存的局面。

从认知角度来分析，商代人可能认为神灵不一定一次显灵，可以采用"多问"的形式，人对事物的认识在不断深化，对未知事物的认知和对神灵的想象，也在不断深化。

从"二卜式"到"三卜式"，再到"四卜式"，甚至"多卜式"，反映了人们思维方式的不断变化。

从思维方式的角度来看，单卜制是单向思维方式的反映，并且是比较单纯的一种思维方式。二卜制是双向思维方式的反映，是对单向思维方式的一种突破。三卜制与多卜制的出现，说明当时的人们已经认识到事物的发展会出现第三种或多种结果和状态，三卜制与多卜制是多向思维方式的反映，是对双向思维方式的一个突破，多向思维方式是一种比较复杂的思维方式。

从单向思维到双向思维，再到多向思维，反映了当时人思维水平和认知能力的发展进步过程。

殷商武丁时期以二卜式卜辞为主，说明当时的人思维方式主要处在双向思维方式阶段，三卜式与多卜式卜辞的出现，说明多向度思维方式在那时已经开始孕育和萌芽。八卦的出现和广泛使用，8 是 2 的 3 次方，一阴一阳两个符号在三个维度上共有 8 种组合方式，标志着人们的思维方式进入三维时代。到了《周易》时代，六十四卦的出现，64 是 2 的 6 次方，阴、阳两个符号在 6 个维度上共有 64 种组合方式，标志着周代人的思维方式开始进入了"六维时代"。

20 世纪下半叶互联网的出现，则标志着人类的思维方式开始进入万维时代，人类的思维能力和认知能力可以突破时间和空间的限制，能比较便捷地获取不同时空的信息，也能比较容易地知道不同时空发生的事情。

总之，如果从认知科学的角度来重新审视甲骨卜辞，会有新的感受和认识。我们应该认识到甲骨卜辞是当时人思维活动和认知活动的产物，是当时人思想和智慧的结晶。

第三节 龟甲卜辞的对称美

从本书第二章对对贞卜辞的专题研究可以看出，在龟甲对贞卜辞中，对称刻写的卜辞组占了很大一部分。从类型上分有轴对称和中心对称。轴对称的对贞卜辞组从内容上分有左正右负型和左负右正型，从形式上分有与中轴相距的和与中轴相邻的。

从第三章对重贞卜辞的研究和第四章对选贞卜辞的研究中可以看出，在龟甲重贞卜辞和龟甲选贞卜辞中对称刻写的卜辞组也占了很大的比例。

从第七章第一节对千里路的专题研究可以看出，甲骨卜辞中很大一部分卜辞组都是以千里路为中轴进行对应式刻写，尽管具体情况比较复杂，有的卜辞与千里路平行，有的与千里路垂直，有的与千里路既不平行也不垂直，但是大多都是以千里路为中轴形成对称，即使与千里路既不平行也不垂直的卜辞，也大多沿龟甲的边缘刻写，这种卜辞组仍然以千里路为中轴形成对称。可见，中轴对称在武丁时期已经成为一种模式和习惯。

另外，在龟甲卜辞中斜向相对的卜辞组很多也是对称的，他们以龟甲千里路与腹中线的交叉点为中心点形成中心对称，有的虽然不是以龟甲中心点作为对称中心，但是一条卜辞旋转180°之后与另一条卜辞基本重合，它们也可以看作中心对称。

中轴对称模式和中心对称模式卜辞组的大量出现说明在武丁时期，人们的"轴""心"意识和"对称观念"已经形成，并且在社会生活实践中开始自觉追求、自觉创造对称美。

对称的事物能给人带来形式美感。"形式美是由美的外在形式经过漫长的社会实践和历史发展过程逐渐形成的。事物的外在形式，比较间接地表现一定的内容，因为它可以脱离内容而独立存在。尤其经过反复使用、模仿复制，原有的具体内容便逐渐普遍化而具有了抽象意义，久而久之，具体内容失落而演变为一种规范化的形式。又由于这种形式是感性的，是按照美的规律创造的，因而也便成了形式美。"① 当人们在千万次的实践中发现对称的事物很美，能给人带来愉悦感时，便自觉地在社会生活实践中追求、创造形式美。

"对称美"被誉为全球通用的"审美法则"。为什么人们会如此偏爱对称美呢？"对称美是人类和自然界本身存在的结构规律，是一种等量等形的组合形式，是人在审美过程中最常用的一种形式美，也是一种最容易统一的基本形式。对称往往以一个轴心、一条轴线为中心展开图案的配置关系，体现的是平衡协调、均等中正、稳重的美感。人们观照自身和自然规律，在审美心理上自然而然地偏爱对称美，中国人尤为突出，从中国的古代建筑、生活用品、服饰等可见一斑。"②

从审美对象上来看，龟甲卜辞的对称美，其根源一方面在于龟甲本

---

① 李峰、吕卫东：《美学概论》，中国农业大学出版社2004年版，第37页。
② 李达旭：《探究形式美法则在书法教学中的运用》，《教育与职业》2008年第33期，第152页。

身是对称的，另一方面在于事物的发展具有两面性和两种不同趋势，事物发展的内在矛盾外化为正反对贞型卜辞组，将其对称刻写具有平衡协调之美感。从审美主体来说，"人对'对称'美肯定的最根本原因还在人自身结构的对称。"①

"对称"在形式美中的重要地位是难以动摇的，所谓"反对称"、"不对称"，依然是以"对称"的存在为前提的。② 不过，对称并非在任何时候都是美的，非对称美意味着变形、突破和创新，也给人带来心理上美的享受。凡事都不能一概而论，对称当然是一种美，非对称则是一种别样的美。③

甲骨卜辞中，除了"对称"的卜辞组外，很多都是"非对称"的卜辞组与单条卜辞，这一方面说明当时的人们虽然已经有了"对称美"的观念，但是对称的标准并不严格，即使对称的卜辞组很多也只能认为是大致对称；另一方面说明人们的"对称美"观念和"对称美"实践正处于一个过渡性发展阶段，还没有完全成熟。除此之外，"非对称"卜辞还说明当时的人并不是机械地、教条地追求形式美。形式是表现内容的，美的形式只有表现了与之相适宜的内容，才是美的，否则就很机械。

甲骨卜辞是当时占卜的记录，刻写甲骨卜辞首先是为了满足占卜的需要和记录文献档案的需要，其次才是满足审美的需要。所以甲骨卜辞的功能首先表现为占卜实用的功能，其次表现为文献档案的功能，最后才是审美的功能。在甲骨卜辞的刻写过程中，刻工首先考虑的是内容，其次才是形式。只要把卜辞内容能恰当地表达出来，顺利地刻写上去，就是美的。至于形式，能达到整齐、对称的则追求，不能达到整齐、对称的则保持随意、自然。

《说文解字·羊部》："美与善同意。"④ 只要客观事物满足了人们的社会需要它就是美的。尽管我们已经不知道商代人当时究竟是怎样判断

---

① 杨曾宪：《文化美、前文化美与复合美》，《东岳论丛》1999 年第 1 期，第 121 页。

② 杨曾宪：《文化美、前文化美与复合美》，《东岳论丛》1999 年第 1 期，第 121 页。

③ 李达旭：《探究形式美法则在书法教学中的运用》，《教育与职业》2008 年第 33 期，第153 页。

④ （东汉）许慎：《说文解字》，中华书局 2004 年版，第 78 页。

美与丑的。但是从甲骨卜辞的形成与功能来看，在当时人的眼里，大多数甲骨卜辞都是美的，即使今天的人们看来并不美的非对称卜辞在当时人看来也可能是美的，因为它们满足了当时人的社会生活需要。

第 十 章

第一期卜辞文例对后世的影响

殷墟甲骨卜辞是迄今为止能见到的时间最早、保存最完整的文献材料，当时形成的文例习惯对后世文献的文例产生了很深的影响。

第一节 第一期卜辞布局刻写形式对后世的影响

现代文献资料大多从"左"向"右"书写，与古代文献资料的书写样式不太一样。为何古代的文献资料大多从"右"向"左"书写？这种书写样式可以追溯到殷墟甲骨文。

根据本书第二章第五节对殷墟甲骨第一期大版龟甲对贞卜辞类型的统计分析可以看出，龟甲卜辞的刻写布局形式多样，有左负右正、右负左正、上正下负、上负下正，还有斜对等。尽管刻写布局形式多样，却有数量多少和比例的差异。如果是左右对贞，以左负右正为主；如果是上下对贞，以上正下负为主，可以

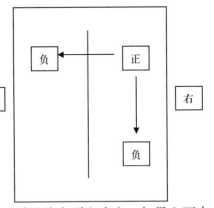

推断当时的布局习惯如果是左右布局，则以从右到左为主，如果上下布局，则以从上到下为主。由此可以构拟出当时的刻写布局习惯主要形式的模板（如右图）。

殷商武丁时期这种刻写排列布局习惯影响了后世文献书写的排列布局。这种刻写形式与后代的金文、碑刻以及纸本文献的刻写布局习惯基本上是一致的。例如西周晚期《小克鼎》①。

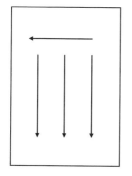

又如：西安碑林博物馆珍藏的《曹全碑》《颜勤礼碑》《玄秘塔碑》《多宝塔感应碑》《开成石经》《石台孝经》等。

殷商时代形成的布局刻写习惯一直被延续了下来，甚至成为一种风俗习惯，例如：春节时张贴的春联，名胜古迹上悬挂的楹大多是按这种形式悬挂。

殷墟甲骨第一期卜辞刻写布局形式多样，尚处于一个"不定型"的阶段，但是已经有了主要的刻写布局形式，这种刻写布局形式，对后世的书写习惯产生了很大影响。

---

　　① 吴镇烽编著：《商周青铜器铭文暨图像集成》（第五卷），上海古籍出版社2012年版，第302页。

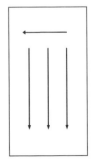

曹全碑（现藏西安碑林博物馆）

为何龟甲卜辞大多从"右"向"左"刻写？我们试从一个角度进行探讨。

在甲骨文时代，"龟"被视为圣物和灵物，可以兆示神的旨意，它既是占卜的工具，也是显示和记录占卜结果的载体，是人们推崇和敬畏的对象。

当有灵之龟面向大家时，龟本身的"左"就是大家眼中的"右"，龟本身的"右"就是大家眼中的"左"。当卜师与灵龟达到"合一"境界时，卜师与灵龟的方位是一致的，而普通人处在与灵龟对立的角度，是一种"观众"视角，所以看到的"左""右"方向是相反的。

可以推想，殷商时代由于敬畏灵龟，以灵龟为中心，而遵从灵龟本身的"左""右"，从"左"向"右"刻写，后人认为是从"右"向"左"，其实是一种视角差异。

在观众的眼中，春联的上联贴在大门的右边，下联贴在大门的左边，但是对房子的主人来说，当他站在大门口面向屋外时，

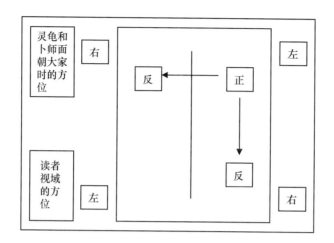

自己本身的"左""右"和春联的"左""右"是一致的。古人
建房子时，特别注意大门的朝向等问题，这种做法本身就在假想
房子是有生命的，春联的"左""右"和房子的"左""右"应
该保持一致。

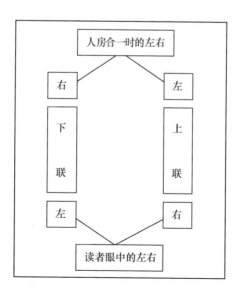

今天的读者之所以认为古人写字时，布局刻写方向与今天的不一样，
是从"右"向"左"书写的，这是因为今天的读者是以自己为中心，古

人是以文献典籍本身为中心的。今天的读者用自己的视域观照古代的文献典籍，读者视域中的"左"恰是古代文献典籍本身（假想古代文献典籍是面向读者的有灵之物）的"右"，读者视域中的"右"恰是古代文献典籍本身的"左"。

现代人关于"左""右"的方位观念，是以"人"本身为中心，而古代人的"左""右"观念是以"物"本身为中心，当人与物对立时"左""右"方向是相反的，而当"人"与"物"达到"合一"的境界时，则"左""右"方向是相同的。之所以这样，是因为在生产力尚不发达、经济科技水平都还不足以使人达到解放的时代，"人"在很多时候不但是"物"的奴隶，而且"人"常常被"物化"。随着生产力的发展，经济的增长，科技的进步，思想观念的变革，人渐渐从"物化"状态中被解放出来，而代之以"物的人化"。古今关于"左""右"观念的差异和书写习惯的差异，就是这种哲学观念差异的反映。

第二节　甲骨卜辞与《易》卦的渊源嬗变关系

甲骨卜辞与《易》卦都作为占卜的记录，有很多相似对应的地方，根据这种相似对应关系，可以推断甲骨卜辞与《易》卦之间有着渊源嬗变关系。

一　胛骨三卜式卜辞与《易》八卦之间的相似对应关系

甲骨卜辞中的三卜式卜辞与《易》卦八种基本卦式之间非常相似，虽然龟甲上的三卜式卜辞的排列与《易》卦符号的相似性还不那么明显，但是在胛骨卜辞中，这种对应相似性就表现得非常明显。

表 10－1　　　　　　　　三卜式卜辞与八卦之间的对应相似关系

甲骨卜辞						八卦			
三卜式重贞或选贞	都为正	第三次	肯定	正	例：	上爻	阳	▅▅▅	乾
		第二次	肯定	正	《合》9693	中爻	阳	▅▅▅	
		第一次	肯定	正	《合》9827	初爻	阳	▅▅▅	
	都为负	第三次	否定	负	例：	上爻	阴	▅▅ ▅▅	坤
		第二次	否定	负	《合》7790	中爻	阴	▅▅ ▅▅	
		第一次	否定	负	《合》18870	初爻	阴	▅▅ ▅▅	
三卜式对贞	两正一负	第三次	肯定	正	例：	上爻	阳	▅▅▅	巽
		第二次	肯定	正	《补》1853 乙	中爻	阳	▅▅▅	
		第一次	否定	负	《合》13117	初爻	阴	▅▅ ▅▅	
		第三次	否定	负	例：	上爻	阴	▅▅ ▅▅	兑
		第二次	肯定	正	《合》4723	中爻	阳	▅▅▅	
		第一次	肯定	正	《合》7503	初爻	阳	▅▅▅	
		第三次	肯定	正	例：	上爻	阳	▅▅▅	离
		第二次	否定	负	《合》13869	中爻	阴	▅▅ ▅▅	
		第一次	肯定	正	《合》12658	初爻	阳	▅▅▅	
	两负一正	第三次	肯定	正	例：	上爻	阳	▅▅▅	艮
		第二次	否定	负	《合》7467	中爻	阴	▅▅ ▅▅	
		第一次	否定	负	《合》813	初爻	阴	▅▅ ▅▅	
		第三次	否定	负	例：	上爻	阴	▅▅ ▅▅	坎
		第二次	肯定	正	《合》1879	中爻	阳	▅▅▅	
		第一次	否定	负	《合》7447	初爻	阴	▅▅ ▅▅	
		第三次	否定	负	例：	上爻	阴	▅▅ ▅▅	震
		第二次	否定	负	《合》13599	中爻	阴	▅▅ ▅▅	
		第一次	肯定	正		初爻	阳	▅▅▅	

　　这种对应相似关系并不是巧合，二者都是占卜的工具，而且所处两个紧密相连的朝代，更重要的是周原甲骨的发现证明了殷商时代用甲骨占卜的习俗一直被延续到了西周初年，二者的对应相似关系说明了二者在文化血脉上有着割不断的渊源关系。

二　部分典型卜辞与《易》卦的相似性比较

在甲骨卜辞中有部分胛骨卜辞组的形式与《周易》六十四卦非常相似，胛骨卜辞的刻写顺序一般是由下到上，《周易》卦爻的排列顺序和胛骨卜辞组的刻写排列顺序是一致的，都是从下到上。例如："水火既济卦"由下到上，六爻的名称分别叫"初九""六二""九三""六四""九五""上六"。

现举几例与《周易》六十四卦非常相似的典型卜辞组：

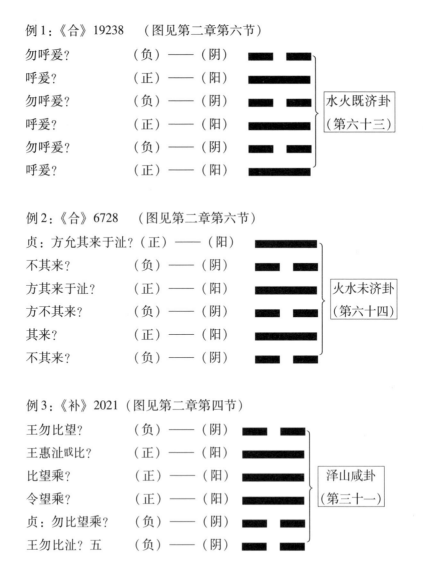

例1：《合》19238　　（图见第二章第六节）

勿呼爱？	（负）	——	（阴）	
呼爱？	（正）	——	（阳）	
勿呼爱？	（负）	——	（阴）	水火既济卦
呼爱？	（正）	——	（阳）	（第六十三）
勿呼爱？	（负）	——	（阴）	
呼爱？	（正）	——	（阳）	

例2：《合》6728　　（图见第二章第六节）

贞：方允其来于沚？	（正）	——	（阳）	
不其来？	（负）	——	（阴）	
方其来于沚？	（正）	——	（阳）	火水未济卦
方不其来？	（负）	——	（阴）	（第六十四）
其来？	（正）	——	（阳）	
不其来？	（负）	——	（阴）	

例3：《补》2021（图见第二章第四节）

王勿比望？	（负）	——	（阴）	
王惠沚𢦚比？	（正）	——	（阳）	
比望乘？	（正）	——	（阳）	泽山咸卦
令望乘？	（正）	——	（阳）	（第三十一）
贞：勿比望乘？	（负）	——	（阴）	
王勿比沚？ 五	（负）	——	（阴）	

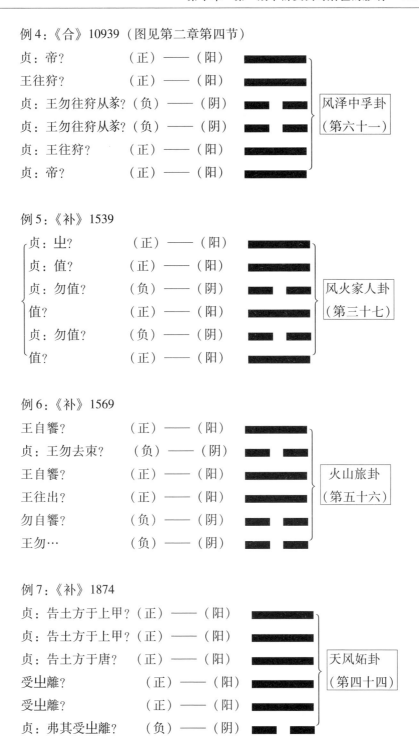

例4：《合》10939（图见第二章第四节）

贞：帝？	（正）—（阳）
王往狩？	（正）—（阳）
贞：王勿往狩从豕？	（负）——（阴）
贞：王勿往狩从豕？	（负）——（阴）
贞：王往狩？	（正）—（阳）
贞：帝？	（正）—（阳）

风泽中孚卦（第六十一）

例5：《补》1539

贞：出？	（正）—（阳）
贞：值？	（正）—（阳）
贞：勿值？	（负）——（阴）
值？	（正）—（阳）
贞：勿值？	（负）——（阴）
值？	（正）—（阳）

风火家人卦（第三十七）

例6：《补》1569

王自饗？	（正）—（阳）
贞：王勿去束？	（负）——（阴）
王自饗？	（正）—（阳）
王往出？	（正）—（阳）
勿自饗？	（负）——（阴）
王勿…	（负）——（阴）

火山旅卦（第五十六）

例7：《补》1874

贞：告土方于上甲？	（正）—（阳）
贞：告土方于上甲？	（正）—（阳）
贞：告土方于唐？	（正）—（阳）
受出離？	（正）—（阳）
受出離？	（正）—（阳）
贞：弗其受出離？	（负）——（阴）

天风姤卦（第四十四）

《补》1539　　《补》1569　　《补》1874

三　从甲骨卜辞到《易》卦的演变

周原甲骨的发现已经证明了西周初年仍然用甲骨占卜，说明用甲骨占卜的习俗从殷商武丁时代一直延续到了西周初年。

由于周原地区位于陕西关中西部岐山、扶风两县之间，远离江河湖海，龟的来源和数量极其有限，在这种情况下占卜的工具必然要发生转移，转移的结果是用新的占卜工具（例如蓍草）来代替龟甲。在这种情况下，占卜的外在表现形式必然被抽象化和符号化。例如：可以在地上、沙盘上、木板上、竹简上用简单抽象的符号来代替甲骨卜辞，用"▬"表示"肯定"语意的卜问，用"▬▬"表示否定语意的卜问，如果用"三盘二胜"式思维方式来进行三卜式占卜，"▬"与"▬▬"的组合就产生了八卦。《史记·周本纪第四》："西伯盖即位五十年。其囚羑里，盖益《易》

之八卦为六十四卦。"八卦与八卦的组合产生了六十四卦。

　　根据甲骨卜辞与《易》卦之间的相似对应关系，可以推断甲骨卜辞为《易》卦的产生奠定了基础，《易》卦可能是部分甲骨卜辞发展高度抽象化、符号化的结果。

　　由于《周易》的有关问题比较复杂，不是本书的主要研究内容，篇幅所限，在此不再展开详述，现将笔者对二者渊源嬗变关系的理解用简图表示如下：

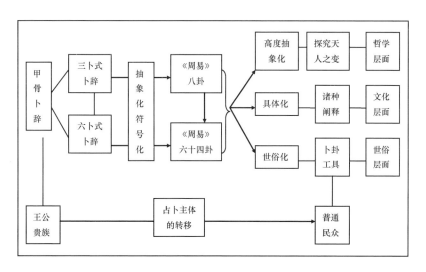

甲骨卜辞与《周易》的发展演变关系示意图

　　当甲骨卜辞抽象化、符号化为《易》卦之后，《易》卦在社会生活的三个层面得到了不同程度的发展，朝三个方向继续发展：

　　1. 在哲学层面，《易》卦被高度抽象化为探究天人之变的哲学，"易"就是"变、变化、变易"的意思，《易》经就是探究社会发展变化和自然发展变化规律的一门哲学。

　　2. 在文化层面，《易》卦得到了种种不同的阐释，越阐释越复杂，遂成为一门高深的经典学问，渐渐成为古代读书人读书解经必读的经典书籍。

　　3. 在世俗生活层面，《易》卦被世俗化为一种算卦的工具。尽管《易》卦本来就是占卜的工具，但是后世世俗生活中的占卜和商周时代的占卜在占卜的主体、占卜的方式等方面并不一样。商代占卜的主体是王公贵族，后世的占卜主体不再是王公贵族专有，普通民众也可以占卜，从数量上来说，普通民众更多一点。商代用甲骨文占卜，有一套复杂的程序，后世用《易》卦占卜则变得相对比较简单。

下　编

殷墟甲骨第二至五期卜辞文例研究

第十一章

卜辞类型研究

根据卜辞的六种基本类型，我们按照两个基本类型便可组成一种复杂类型来看，那么从理论上说复杂类型就应该有 20 种：重复选贞、重复对贞、重复补贞、重复递贞；重选、重对、重补、重递；选对、选补、选递；对选、对补、对递；补选、补对、补递；递选、递对、递补。而实际上只发现了 8 种：重复对贞、重复选贞、对补、对选、对递、选补、补选、重选。

第一节　卜辞的基本类型

一　单贞

对某一事件或某一内容只进行一般占卜，这种卜辞称为"单贞卜辞"。

例：《合》22709

〔辛〕亥卜，飲贞：翼壬子酚示壬岁，亡蓋？

二　重贞

沈之瑜、濮茅左先生《卜辞的程式与辞序》① 一文指出："对于相同的某一内容在一日之内进行二次或是二次以上的连续占卜，这种统一内容，经反复占卜的情况下所形成的卜辞组称为'重贞卜辞'。"我们认为

①　沈之瑜、濮茅左：《卜辞的程式与辞序》，《古文字研究》（第十八辑），中华书局1992年版。

对于相同的某一内容进行两次或两次以上的反复占卜（不考虑其是否是同一日之内占卜），这种反复占卜形成的卜辞组称为"重贞卜辞"。其中我们将在邻旬卜问"旬无祸"这一类的卜辞也视为重贞卜辞。

例：《合》32345（同日重贞）

癸卯卜，叀伊酓？二

叀伊酓？二

又例：《合》31289（图参见第十二章第一节）（相邻七旬重贞）

癸卯卜，大，贞：旬亡囚？一

癸丑卜，大，贞：旬亡囚？一

癸亥卜，（大），贞：旬亡囚？一

癸酉卜，大，贞：旬亡囚？一

癸未卜，大，贞：旬亡囚？一

癸巳卜，大，贞：旬亡囚？一

癸卯卜，大，贞：旬亡囚？一

《合》22709　　　　　　　《合》32345

三　对贞

对某一内容，以否定和肯定的形式进行占卜，这种卜辞组称为"对贞卜辞"。

例：《合》31981

乙亥，贞：隹大庚乍𡆥？三

大庚不乍𡆥？三

四　选贞

对两个或是两个以上并列的内容分别进行一次占卜，借以肯定其中的某一吉利内容，这种情况下形成的卜辞称为"选贞卜辞"。

例：《合》34246

河尞二牛？

河尞三牛？

河尞叀羊二？

河尞叀羊三？

河尞五牛？

这五条卜辞在内容上，向河神进行燎祭的祭品的数量及物种进行选择性的贞卜，借以肯定其中某一内容。

《合》31981

五　补贞

选择占卜的内容的不同因素或一个事物的不同方面，进行卜问，几条卜辞之间存在一种补充的关系。这种卜辞内容上互相补充，合起来表示一个完整的意思，这种情况下形成的卜辞称为"补贞卜辞"。

例：《合》33694

乙亥，贞：又伊尹？

乙亥，贞：其又伊尹二牛？

这两条卜辞之间形成一种补充的关系，这两条卜辞合起来表示：王向伊尹进行侑祭，用二牛。

《合》34246　　《合》33694

六　递贞

在某一时间卜问另一个时间段某种情况，在另一个时间又卜问其他时间段该种情况，它们之间形成传递的关系，这种情况下形成的卜辞称为"递贞卜辞"。

例：《合》33871

戊辰卜，己攸不？

己巳卜，庚攸不？

这两条卜辞，从内容上看，在戊辰日卜问：己巳日天气是否会晴朗？在己巳日又卜问：庚午日天气是否会晴朗？在它们之间形成一种传递关系。

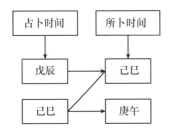

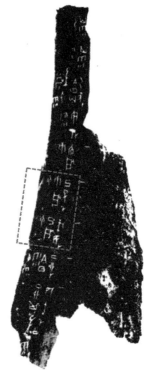

《合》33871

第二节　卜辞的复杂类型

一　重复对贞

对某一内容，以否定与肯定的语意进行反复地卜问，这种情况下形成的卜辞组称为"重复对贞卜辞"。

例：《合》24718

$$\left\{\begin{array}{l}\left\{\begin{array}{l}\text{（1）贞：不其雨？}\\ \text{（2）丁酉卜，出，贞：五日雨？}\end{array}\right.\\ \left\{\begin{array}{l}\text{（3）辛丑卜，出，贞：自五日雨？}\\ \text{（4）［贞］：不［其］雨？}\end{array}\right.\end{array}\right.$$

（1）—（2）、（3）—（4）形成两组对贞，两组对贞之间又形成重复对贞。

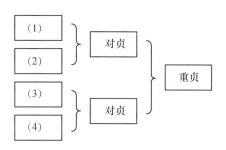

二　重复选贞

对两个或两个以上并列的内容反复地进行选择性卜问，借以肯定其中某一内容，这种情况下形成的卜辞组称之为"重复选贞卜辞"。

例：《合》32216

（1）丁巳卜，叀今夕酚宜？

（2）丁巳卜，于木夕酚宜？

（3）丁巳卜，叀今夕酚宜？

（4）丁巳卜，于木夕酚宜？

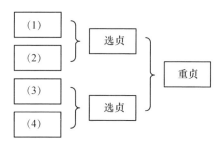

三　对补

两个或两个以上对贞卜辞组之间，形成相互补充的关系，这种情况下形成的卜辞组称之为"对补卜辞"。

《合》32216

例:《合》34229

　　　(1) 甲申卜,岳弗𡧊禾?
　　　(2) 甲申卜,其𡧊禾?
　　　(3) 乙酉卜,岳弗𡧊禾?
　　　(4) [乙] 酉卜,[其] 𡧊禾?
　　　(5) 丙戌卜,岳不𡧊?
　　　(6) 丙戌卜,岳其𡧊?
　　　(7) 辛亥卜,岳弗𡧊禾,弜又岳?
　　　(8) 辛亥卜,岳其𡧊,又岳?

　　(1) — (2)、(3) — (4)、(5) — (6)、(7) — (8) 形成四组对贞,其中 (1) — (2)、(3) — (4)、(5) — (6) 又形成一组重复对贞,这组重复对贞与 (7) — (8) 这组对贞之间又形成互相补充的关系。这四组八条卜辞合起来表示:在甲申、乙酉、丙戌这三天重复卜问岳神是否会灾害禾? 在辛亥这天补充卜问,是否应该对岳神进行侑祭? 它们之间的关系可以看作一种"对补"关系。

《合》34229

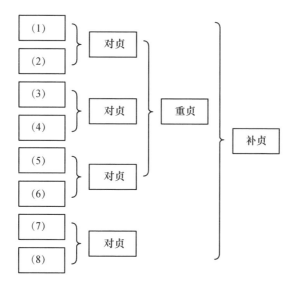

四　对选

若干内容并列的对贞卜辞组成，这些对贞卜辞组之间形成一种选择性的关系，这种情况下形成的卜辞组称为"对选卜辞"。

例：《合》35347

$\left\{\begin{array}{l}\left\{\begin{array}{l}\text{(1) 其雉众？吉。}\\\text{(2) 中不雉众？王占曰：引吉。}\end{array}\right.\\\left\{\begin{array}{l}\text{(3) 其雉众？吉。}\\\text{(4) 左不雉众？王占曰：引吉。}\end{array}\right.\end{array}\right.$

这四条卜辞的关系是：（1）—（2）、（3）—（4）、分别是一组对贞，然后这两组对贞形成一组选贞。

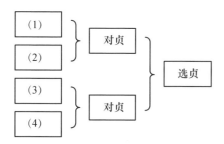

《合》35347

五　对递

在某一时间内以肯定或否定的语意卜问另一时间的某种情况，在另一时间内又以肯定或是否定的语意卜问其他时间的该问题，这种情况下形成的卜辞组称为"连环递对卜辞"。

例：《合》33291

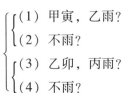

（1）甲寅，乙雨？
（2）不雨？
（3）乙卯，丙雨？
（4）不雨？

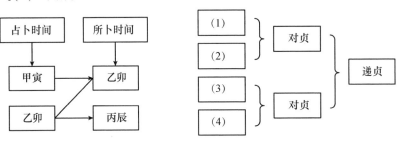

《合》33291　　　　　　　《合》28272（局部）

六　选补

两组或是两组以上的选贞卜辞组成，这些选贞卜辞之间又形成一种补充说明的关系，这种情况下形成的卜辞组称为"选补卜辞"。

例：《合》28272

$$
\begin{cases}
\begin{cases}
（1）更上甲先酌？\\
（2）更示壬先酌？
\end{cases}\\
\begin{cases}
（3）更今日酌？\\
（4）于翼日酌？
\end{cases}
\end{cases}
$$

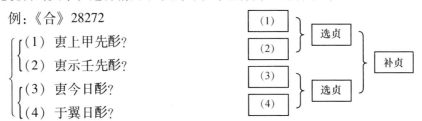

（1）—（2）卜辞进行选择卜问：是先酒祭上甲还是示壬？（3）—（4）卜辞进行选择卜问：是今日还是翌日进行酒祭？两组选贞合起来形成一种相互补充的关系，这四条卜辞合起来表示：今日或是翌日先酒祭上甲或是示壬？（1）—（2）与（3）—（4）之间的关系可以看作一种"选补"关系。

七　补选

两组或两组以上分别相互补充的卜辞卜问两种情况，再进行选择性的贞卜，从这两种情况中卜问选择一种，这种情况下形成的卜辞称为"补选卜辞"。

例：《合》32616

$$
\begin{cases}
\begin{cases}
（1）辇其上？\\
（2）辇其上自祖乙？
\end{cases}\\
\begin{cases}
（3）辇其下？\\
（4）辇其下自小乙？
\end{cases}
\end{cases}
$$

八　重选

两组或是两组以上的重复贞卜的卜辞卜问两种或两种以上情况，再从这两种或两种以上情况中卜问选择一种，这种情况下形成的卜辞称为"重选卜辞"。

例:《合》33241

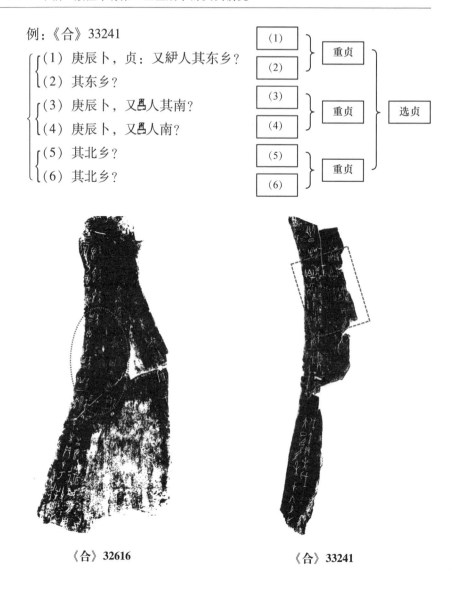

{ (1) 庚辰卜，贞：又紑人其东乡？
{ (2) 其东乡？

{ (3) 庚辰卜，又昌人其南？
{ (4) 庚辰卜，又昌人南？

{ (5) 其北乡？
{ (6) 其北乡？

《合》32616　　　　　　　　　《合》33241

第三节　第二至五期大版胛骨卜辞类型统计分析

一　选取标准

1. 完整胛骨，能清楚看到上面卜辞。

2. 比较完整胛骨，即使有残缺部分，但是我们可以根据文例，推断出残缺的内容。

二 统计方法

1. 逐片阅读甲骨片，参阅《甲骨文合集释文》《摹释总集》及《甲骨文摹释全编》的释文分条，但是并不完全采用这几本书中的释文。

2. 逐片进行卜辞分类统计，再总体统计，最后计算每种类型卜辞所占比例。

说明：其中"/"前边的数字表示条数，后边的数字表示组数，例：《合》22884，重贞7/1，表示《合》22884上有7条重贞；三个数字连在一起，例：《合》27042正，重复对贞4/2/1，表示4条卜辞形成2组对贞，这4条卜辞又形成一组重复对贞；卜辞总条数=单贞条数+对贞条数+选贞条数+重贞条数+补贞条数+递贞条数+三角关系，黑色分界线之后的有的与前面有交叉的，如《合》32216，选贞条数（组）是4/2，其后重复选贞条（组）是4/2/1，在这里面选贞条数就包括了重复选贞的条数。

表 11 –1　　　　　　　　大版胛骨卜辞类型统计表

甲骨片号（《合》）	总条数	单贞条数	对贞条数（组）	选贞条数（组）	重贞条数（组）	补贞条数（组）	递贞条数（组）	三角关系条数（组）	四角关系条数（组）	重复对贞条数（组）	重复选贞条数（组）	对选条数（组）	其他类条数（组）
22709 正	1	1											
22884	8	1			7/1								
23002	10		4/2	2/1	4/2								
23807	6			2/1	4/1								
23865	8				8/1								
23964	13				13/2								
24352	8	1			7/1								
24358	3	1			2/1								
24665	11	2			9/1								
26210	8				8/1								

续表

甲骨片号(《合》)	总条数	单贞条数	对贞条(组)	选贞条(组)	重贞条(组)	补贞条(组)	递贞条(组)	三角关系条(组)	四角关系条(组)	重复对贞条(组)	重复选贞条(组)	对选条(组)	其他类条(组)
26308	8				8/1								
26879	7			7/2									
26907 正	20	10	2/1	8/2									
26975	10	4			4/1	2/1							
27042 正	30	7	4/2		10/3	3/1		6/2		4/2/1			
27042 反	12	4			8/3								
27321	18	4		3/1	5/1			6/2					
27454	7		2/1	5/2									
27620	6	1		3/1	2/1								
28180	8	1		7/3									
28272	7	1	2/1	4/2									4/2/1 (选补)
28497	1	1											
28965	8		2/1	6/2									
28982	7	2		5/1									
29245	7	5		2/1									
29843	5	1	4/1										
29912	1	1											
30133	7	1	6/3										
30173	7	5		2/1									
30286	2	2											
30693	8	2	2/1	4/2									
30812	7	1	6/3							4/2/1			
31289	7				7/1								
31290	6				6/1								

续表

甲骨片号（《合》）	总条数	单贞条数	对贞条（组）	选贞条（组）	重贞条（组）	补贞条（组）	递贞条（组）	三角关系条（组）	四角关系条（组）	重复对贞条（组）	重复选贞条（组）	对选条（组）	其他类条（组）
31381	9				9/1								
32014	7	3				4/2							
32028	9	2		5/2		2/1			4/1				
32077 反	6					6/3							
32113	9	4		2/1			3/1						
32185	7	3	4/1										
32192	10	3		7/2									
32198	9	2		4/1			3/1						
32216	10	2	2/1		4/2	2/1						4/2/1	
32301	14	7		7/3									
32308	7	5		2/1									
32453	16	4	2/1	7/3			3/1						
32461 正	6		2/1	4/1									
32595	3	3											
32616	11		4/2	7/3					4/1				
32625	9	1	4/2	4/2						4/2/1			
32695	4	1	3/1										
32729	3			3/1									
33208	4			4/1									
33241	13	3	4/2	6/3									
33273	18	6	4/2	6/3	2/1				4/1				
33274	8	1	4/2	3/1					4/1				
33291	17	6	4/2	2/1	5/2				4/1				
33417	7		4/1	3/1									
33430	7	1			6/3								

续表

甲骨片号（《合》）	总条数	单贞条数	对贞条（组）	选贞条（组）	重贞条（组）	补贞条（组）	递贞条（组）	三角关系条（组）	四角关系条（组）	重复对贞条（组）	重复选贞条（组）	对选条（组）	其他类条（组）
33509	2				2/1								
33530	7	2		5/1									
33747 反	3	1	2/1										
33871	9	3	2/1		2/1		2/1						
33986	11	4	5/2		2/1								
34106	8		4/2	4/1									
34165	5	1		4/2									
34229	23	5	12/6	3/1				3/1		8/4/1			
34240	9	3		6/2					4/1				
34734	9				9/1								
34735	9				9/1								
34966 正	5				5/1								
34998	8				8/1								
35070	7	1			6/1								
35343	2	0		2/1									
35641	4	1						3/1					
35644	5	2		3/1									
35706	7				4/1			3/1					
36642	3							3/1					
36734	6	2		4/1									
36846	8	1			7/1								
37362	7	2			5/1								
37746	6			3/1	3/1								
39145	6				6/1								
39155	5				5/1								

续表

甲骨片号（《合》）	总条数	单贞条数	对贞条数（组）	选贞条数（组）	重贞条数（组）	补贞条数（组）	递贞条数（组）	三角关系条数（组）	四角关系条数（组）	重复对贞条数（组）	重复选贞条数（组）	对选条数（组）	其他类条数（组）
41695	4	1		3/1					4/1				
41704	4			4/1									
41717	4	1		3/1									
41761	6				3/1			3/1					
41768	8	2		6/1									
41770	6				6/1								
41818	7			7/1									
41819	7			7/1									

表 11-2　　　　　　　　　大版胛骨卜辞类型分析表

	总计	单贞条数	对贞条数（组）	选贞条数（组）	重贞条数（组）	补贞条数（组）	递贞条数（组）	三角关系条数（组）	四角关系条数（组）	重复对贞条数（组）	重复选贞条数（组）	对选条数（组）	其他类条数（组）
总计条	725	148	100	197	223	19	2	36	28	20	4	0	4
百分比（%）		20.41	13.79	27.17	30.75	2.62	0.27	4.96	3.86	2.76	0.55	0	0.55
总计组	185		46	68	49	9	1	12	7	4	1	0	1
百分比（%）			24.86	36.75	26.48	4.84	0.54	6.48	2.70	2.15	0.54	0	0.54

三　理论分析

根据上文的统计，我们可以看出以下几个特点：

第一，在统计的 92 版大版胛骨中，共有卜辞 725 条，平均每版上刻有 7.88 条卜辞，最少的只有 1 条，最多的有 30 条，其分布很不均匀。

第二，其中重贞条数 223 条，选贞条数 197 条，单贞条数 148 条，对贞条数 100 条，这四种类型占总条数的 92.13%；对贞组数 46 组，选贞组数 68 组，重贞组数 49 组，占总组数的 88.11%；这说明第二至五期卜辞的主要类型是重贞、选贞、单贞、对贞这四类。

第三，按照所占比例依次排列的卜辞的类型为：重贞、选贞、单贞、对贞、三角关系、补贞、递贞。

第十二章

重贞专题研究

第一节　重贞分类

一　按照刻写材料分类

1. 龟甲重贞

例：《合》23847

庚午［卜］，王？

庚午［卜］，王？

2. 胛骨重贞

例：《合》23506

丁酉卜，王？

丁酉卜，王？

二　按照贞人分类

1. 贞人相同的重贞

例：《合》24266

辛酉卜，尹，贞：王宾叔无尤？

辛酉卜，尹，贞：王宾叔无尤？

2. 贞人不同的重贞

例：《合》26643（同版出现三位贞人）

癸未卜，祝，贞：旬亡囚？六月。

癸丑卜，大，贞：旬亡囚？六月。

癸亥卜，大，贞：旬亡囚？六月。

《合》23847　　　《合》23506

癸酉卜，大，贞：旬亡囚？

癸巳卜，祝，贞：旬亡囚？

癸卯卜，贞：旬亡囚？

癸丑卜，出，贞：旬亡囚？ 七月。

癸巳卜，祝，贞：旬亡囚？

三　按照贞卜时间分类

1. 同日重贞

例：《合》23936

庚寅卜，王？

庚寅卜，王？

2. 邻日重贞

例：《合》32012

壬辰卜，禦于土？

癸巳卜，禦于土？

《合》24266　　《合》26643

《合》23936　　《合》32012　　《合》28433

3. 相隔数日重贞

例：《合》28433

戊申卜，何，贞：王其田无灾？

壬子卜，何，贞：王其田无灾？

根据干支纪年来推算：戊申到壬子相隔四日的重贞。

4. 邻旬重贞

例：《合》31300

癸酉卜，[何]，贞：旬亡囚？

癸未卜，何，贞：旬亡囚？

四　按照贞卜次数分类

1. 二次重贞

例：《合》23506（图参见本章）

2. 三次重贞

例：《合》23810

甲〔子卜〕，〔王〕？

甲子卜，王？才十一月。

[甲]子卜，王？才十一月。

3. 四次重贞

例：《合》23996

戊戌卜，[王]？

戊戌卜，王？

戊戌卜，王？

戊戌卜，王？

4. 五次重贞

《合》23996　　　　《合》26975

例：《合》26975

庚申卜，何，贞：翼辛酉鞅其隹？一

庚申卜，何？二

庚申卜，何？三

庚申卜，何？四

庚申卜，何？五

5. 六次重贞

例：《合》23971

乙未卜，王？才二月。

乙未卜，王？

乙未卜，王？

乙未卜，王？

乙未卜，王？

乙未［卜］，王？

6. 七次重贞

例：《合》31289

癸卯卜，大，贞：旬亡𡆥？

癸丑卜，大，贞：旬亡𡆥？

癸亥卜，贞：旬亡𡆥？

癸酉卜，大，贞：旬亡𡆥？

癸未卜，大，贞：旬亡𡆥？

癸巳卜，大，贞：旬亡𡆥？

癸卯卜，大，贞：旬亡𡆥？

《合》23971　　　《合》31289

7. 八次重贞

例：《合》23865

乙亥卜，［王］？

乙亥卜，王？

乙亥卜，王？

乙亥卜，王？

乙亥卜，王？

乙亥卜，王？

乙亥卜，王？

乙亥卜，王？

8. 九次重贞

例：《合》23964

癸巳卜，王？才九月。

《合》23865

癸巳卜，王？

癸巳卜，王？

癸巳卜，王？

癸巳卜，王？

癸巳卜，王？

癸巳卜，王？

癸巳卜，王？

癸巳卜，王？

9. 十次重贞（未发现）

10. 十一次重贞（未发现）

11. 十二次重贞（未发现）

12. 十三次重贞

例：《合》24665

《合》23964

癸未卜，王？在四月。

癸未卜，王？

癸未卜，王？

癸未卜，王？

癸未卜，王？

癸未卜，王？

癸未卜，王？

［癸未］卜，王？

癸未卜，王？

甲午卜，王？

甲午卜，王？

甲午卜，王？

甲午卜，王？

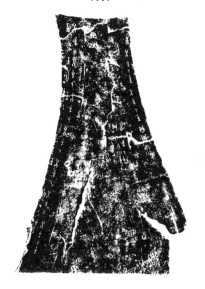

《合》24665

注：《合》24665 可以看作同日九次重贞，亦可看作不同日十三次重贞。

五 按照贞卜内容分类

1. 同为正

例：《合》32012（图参见本章）

壬辰卜，禦于土？

癸巳卜，禦于土？

例：《合》23847①

庚午［卜］，王？

庚午［卜］，王？

《合》23847

2. 同为负

例：《合》24266（图参见本章）

辛酉卜，尹，贞：王宾叡无尤？

辛酉卜，尹，贞：王宾叡无尤？

六 按照刻写位置分类

1. 相邻重贞

例：《合》31289（图见本章）

2. 相间重贞②

例：《合》32012（图参见本章）

壬辰卜，禦于土？

癸巳卜，禦于土？

3. 相距重贞③

例：《合》34101

其乍薹？

其乍薹？

《合》34101

---

① 在本书中，卜辞中只出现"王"一字的这类型卜辞，我们将其视为贞卜内容为正的卜辞。

② 为了节省篇幅，相间类卜辞中间的卜辞未将其列出，参照甲骨拓片可以看出两者处于相间位置。

③ 本书相距位置指在一片甲骨中两条卜辞之间相距的空位等于或是大于此片甲骨书写两个字所需的空间。

其乍𤔲？六示。

七　按照是否同版分类

1. 同版重贞（本节所举例中几乎都是同版重贞）

2. 异版重贞

例：《合》32137 与《合》32138

癸…　二	癸巳…三
征𦭼岁？二	征𦭼岁？
三牢？二	三牢？
五牢？	五牢？三
［又羌］？（《合》32137）	［又］羌？（《合》32138）

《合》**32137**

《合》**32138**

例：《合》23712、《合》23713 与《合》23714

丙申卜，出，贞：乍小𤔲日更癸？八月。

丁酉卜，祝，贞：其品司才兹？

贞：其品司于王出？　　　　　　　　　　　　　　　（《合》23712）

丙申卜，出，贞：乍小辥更癸？八月。

丁酉卜，祝，贞：其品司才兹？

贞：其品司于王出？　　　　　　　　　　　　　　　（《合》23713）

丙申卜，出，贞：乍小辥日更癸？八月。

丁酉卜，祝，贞：其品司才兹？

贞：其品司于王出？　　　　　　　　　　　　　　　（《合》23714）

《合》23712　　　　　　《合》23713　　　　　　《合》23714

第二节　龟甲重贞

　　龟甲重贞卜辞类型简图如下，下文将以本图为纲目，举例详细说明每种类型的重贞。

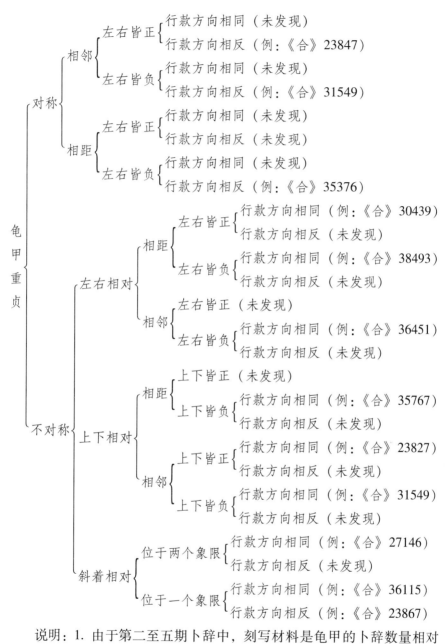

说明：1. 由于第二至五期卜辞中，刻写材料是龟甲的卜辞数量相对较少，且残缺厉害，所以分类时就只分对称与不对称，对称之下分相邻位置与相距位置的对称；不对称下分三类：左右相对、上下相对和斜着相对。其中对称中只涉及轴对称的情况，没有涉及中心对称的情况；同

时没有将是否跨越千里路考虑在分类标准之中。上编已指出："轴对称，在这里的'轴'是指以龟甲正中的'千里路'为竖中轴，而没有找到以'腹中线'为横中轴，所以轴对称其实就是指'左右相对'。"我们在第二至五期卜辞中也没有找到上下对称的卜辞，所以本书所指的轴对称其实就是指位于千里路（竖中轴）左右对称的卜辞。

2. 简图中的例子只有一个，正文中所举例子不止一个。

3. 第二至五期卜辞中刻写材料是龟甲的卜辞数量相当少，所以有些理论上应该有的文例，却在第二至五期中没有发现。

一 对称

（一）左右相邻

1. 左右皆为正

（1）行款方向相同（未发现）

（2）行款方向相反

例：《合》23847

庚午［卜］，王？

庚午［卜］，王？

《合》23847

2. 左右皆为负

（1）行款方向相同（未发现）

（2）行款方向相反

例：《合》31549（相隔十一日重贞）

辛酉卜，狄，贞：今夕亡囚？

壬申卜，狄，贞：今夕亡囚？

（二）左右相距

1. 左右皆为正（未发现）

2. 左右皆为负

（1）行款方向相同（未发现）

（2）行款方向相反

例：《合》35376（相隔两日重贞）

辛酉卜，贞：王宾伐亡尤？

《合》31549

癸亥卜，贞：王宾伐亡尤？

《合》35376　　　　　　　　　《合》30439（局部）

二　不对称

（一）左右相对

1. 左右相距

（1）左右皆为正

A. 行款方向相同

例：《合》30439

丁丑卜，狄，贞：其莘禾于河，叀祖丁祝用？吉。

贞：叀祖丁祝用，王受又？

B. 行款方向相反（未发现）

（2）左右皆为负

A. 行款方向相同

例：《合》38493（邻日重贞）

壬申卜，贞：王宾岁亡尤？

癸酉卜，贞：王宾岁亡尤？

《合》38493

B. 行款方向相反（未发现）

2. 左右相邻

（1）左右皆为正（未发现）

（2）左右皆为负

A. 行款方向相同

例：《合》36451

戊申［卜］，［贞］：今夕［自］亡畎？（宁）。

庚戌［卜］，［贞］：今夕自［亡］欧？（宁）。

己卯卜，贞：今夕自亡欧？（宁）。

己巳卜，贞：今夕自亡欧？（宁）。

B. 行款方向相反（未发现）

（二）上下相对

1. 上下相邻

（1）上下皆为正

A. 行款方向相同

a. 自左向右刻写

例：《合》23827

《合》36451

丙寅卜，王？

丙寅卜，王？

［丙寅］卜，王？

b. 自右向左刻写

例：《合》23956

壬辰卜，王？

壬辰卜，王？

B. 行款方向相反（未发现）

（2）上下皆为负

A. 行款方向相同

例：《合》31549（相隔四日重贞）

《合》23827　　《合》23956

甲子卜，狄，贞：今夕亡囚？

丙申卜，狄，贞：今夕亡囚？

B. 行款方向相反（未发现）

2. 上下相距

（1）上下皆为正（未发现）

（2）上下皆为负

A. 行款方向相同

例：《合》35767

《合》35767

王宾叙亡尤？

贞：王［宾］叙［亡尤］？

B. 行款方向相反（未发现）

（三）斜着相对

1. 位于两个象限

（1）行款方向相同

例：《合》27146

戊寅卜，贞：王其田，亡灾？

戊寅卜，贞：王其田，亡灾？

（2）行款方向相反（未发现）

2. 位于一个象限

（1）行款方向相同

例：《合》36115（邻旬重贞）

甲辰卜，贞：武祖乙升其牢？

甲寅卜，贞：武祖乙升其牢？

丙申卜，贞：文武［丁升祊］其［牢］？

丙午卜，贞：文武丁升祊其牢？

（2）行款方向相反

例：《合》23867

乙亥卜，王？

乙亥卜，王？

《合》27146（局部）

《合》36115

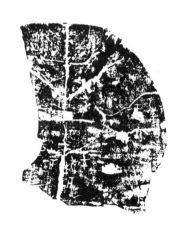

《合》23867

第三节　胛骨重贞

胛骨重贞卜辞的文例类型列简图如下，下文将以本图为纲目，举例详细说明每种类型的重贞。

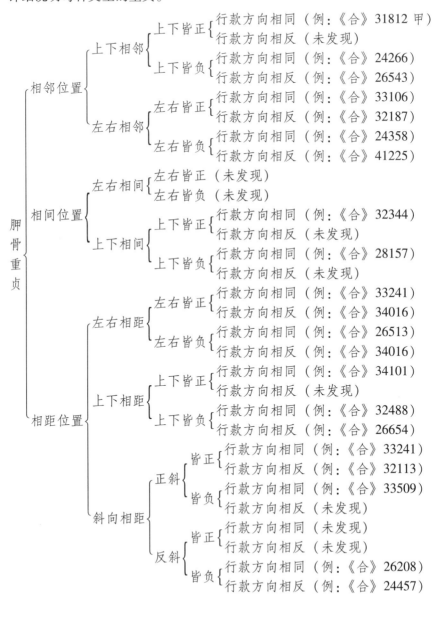

一　相邻位置

（一）上下相邻

1. 上下皆为正

（1）行款方向相同

A. 自右向左刻写

例：《合》32812 甲（邻日重贞）

壬午卜，令般比厌告？三

癸未卜，令般比厌告？三

B. 自左向右刻写

例：《合》23846

庚午卜，王？

庚午卜，王？

（2）行款方向相反（未发现）

《合》32812 甲　　　《合》23846

2. 上下皆为负

（1）行款方向相同

A. 自右向左刻写

例：《合》24266

辛酉卜，尹，贞：王宾叙，亡尤？

辛酉卜，尹，贞：王宾叙，亡尤？

B. 自左向右刻写

例：《合》32880

戊辰，贞：亡田？

戊辰，贞：亡田？

（2）行款方向相反

例：《合》26543（邻旬重贞）

癸酉卜，大，贞：旬亡田？一月。

癸未卜，[大]，贞：旬亡 [田]？

《合》24266　　　《合》32880

（二）左右相邻

1. 左右皆为正

（1）行款方向相同

例:《合》33293

戊戌，贞：其奉禾于
示壬？

戊戌，贞：其奉禾于
示壬？

例:《合》33106

□□贞：王比沚或伐…

□□贞：王比沚或伐…

（2）行款方向相反

例:《合》32187

壬戌卜，乙丑用厌屯？

癸亥卜，乙丑用厌屯？一

《合》26543　　　《合》33293

《合》33106

《合》32187（局部）

2. 左右皆为负

（1）行款方向相同

例:《合》24358（邻旬重贞）

癸亥卜，出，贞：旬亡囚？

癸酉卜，出，贞：旬亡囚？

（2）行款方向相反

例：《合》41225

癸酉卜，出，贞：旬亡囚？二

癸丑卜，出，贞：旬〔亡囚〕？二

《合》24358（局部）

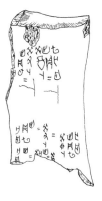

《合》41225

二　相间位置

（一）左右相间（未发现）

（二）上下相间

1. 上下皆为正

（1）行款方向相同

A. 自右向左刻写

例：《合》32344

癸卯卜，叀伊奭？

叀伊奭？

B. 自左向右刻写

例：《合》32012（邻日重贞）

壬辰卜，禦于土？

癸巳卜，禦于土？

（2）行款方向相反（未发现）

《合》32012　　《合》32344

2. 上下皆为负

（1）行款方向相同

A. 自右向左刻写

例：《合》28157

弜至三羁？

弜至三羁？

B. 自左向右刻写

例：《合》33225

王弜稽？

王弜稽？

（2）行款方向相反（未发现）

《合》28157　　《合》33225

三　相距位置

（一）左右相距

1. 左右皆为正

（1）行款方向相同

A. 自右向左刻写

例：《合》33241

庚辰卜，又凸人其南？

庚辰卜，又凸人南？

其北饗？

其北饗？

B. 自左向右刻写（未发现）

（2）行款方向相反

例：《合》34016

己巳卜，乙亥易日？

己巳卜，乙亥易日？

2. 左右皆为负

（1）行款方向相同

A. 自左向右刻写

《合》33241　　《合》34016

例：《合》26275（邻日重贞）

戊午卜，行，贞：今夕亡囚？才十一月。

己未卜，行，贞：今夕亡囚？才十一月。

《合》26275

《合》26513

B. 自右向左刻写

例：《合》26513（邻旬重贞）

癸亥卜，行，贞：旬亡囚？三

癸酉卜，行，贞：旬亡囚？三

（2）行款方向相反

例：《合》34016

不易日？

不易日？

（二）上下相距

1. 上下皆为正

（1）行款方向相同

A. 自右向左刻写

例：《合》34101

其乍孽？

其乍孽？

其乍孽？〔大〕示

《合》34101

《合》27620

B. 自左向右刻写

例：《合》27620（邻旬重贞）

己卯卜，兄庚裸岁叀羊？

己卯卜，兄庚裸岁叀羊？

（2）行款方向相反（未发现）

2. 上下皆负

（1）行款方向相同

A. 自左向右刻写

例：《合》32488

弜又？

弜又？

B. 自右向左刻写

例：《合》31512

癸卯，贞：旬亡囚？

癸丑，贞：旬亡囚？

癸亥，贞：旬亡囚？

癸酉，贞：旬亡囚？

癸未，贞：旬亡囚？

癸巳，贞：旬亡囚？

（2）行款方向相反

例：《合》26654

癸未卜，祝，贞：旬亡囚？

癸未卜，祝，贞：旬亡囚？

（三）斜向相距

1. 正斜（╱）相距

（1）正斜皆为正

A. 行款方向相同

例：《合》33241

庚辰卜，紻其人东饗？

其东饗？

《合》32488

《合》31512　　《合》26654

B. 行款方向相反

例：《合》32113

丙寅，贞：王又袚岁于父丁牢？

丙寅，贞：王又袚岁于父丁牢？

（2）正斜皆为负

A. 行款方向相同

例：《合》33509

…戌卜，贞：王其田，无戋？

…申卜，贞：王其田，无戋？

B. 行款方向相反（未发现）

《合》32113 　　　　　　　　 《合》33509

（四）反斜（＼）相距

（1）反斜皆为正（未发现）

（2）反斜皆为负

A. 行款方向相同

例：《合》26208

戊午卜，［行］，贞：今［夕］亡囚？

庚申卜，行，贞：今夕亡囚？

B. 行款方向相反

例:《合》24457

戊辰卜,旅,贞:王其田于阢亡灾?

戊寅卜,[旅],贞:王其[田于]阢亡灾? 才四月。

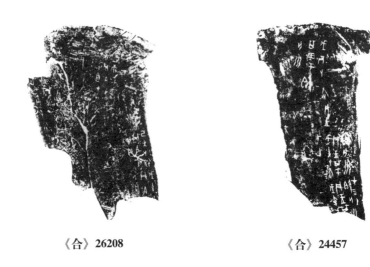

《合》26208　　　　　　　　《合》24457

第四节　第二至五期大版胛骨卜辞
重贞类型统计分析

一　选取标准

1. 完整的胛骨。

2. 比较完整,即使有残缺部分,但是根据一般的文例规律,可以推断出残缺部分。

二　统计方法

1. 逐片阅读甲骨拓片,参阅《殷墟甲骨刻辞摹释总集》和《甲骨文合集释文》及《甲骨文摹释全编》中的释文卜辞分条,但是不完全采用这几本书中的释文卜辞分条;

2. 逐片分类统计,再总体统计,最后计算出每种类型所占比例。

说明:其中"/"前边的数字表示条数,后边的数字表示组数,例如:《合》23964,重贞 13/2,表示《合》23964 上总共有 13 条重贞,根据其内容可以分为两组重贞。重贞条数 = 相邻重贞条数 + 相间重贞条数 + 相距重贞条数 + 三角位置条数。

表 12 - 1　　　　　　　　大版胛骨卜辞重贞类型统计表

片号《合》	卜辞条数	重贞条数	重贞组数	相邻重贞条（组）				相间重贞条（组）				相距重贞条（组）						三角位置条（组）
				左右相邻		上下相邻		左右相间		上下相间		左右相距		上下相距		斜向相距		
				皆正	皆负	皆正	皆负	皆正	皆负	皆正	皆负	皆正	皆负	皆正	皆负	皆正	皆负	
22884	8	7	1			7/1												
23002	10	4	2												2/1	2/1		
23807	6	4	1			4/1												
23865	8	8	1			8/1												
23964	13	13	2			13/2												
24352	8	8	1			8/1												
24358	3	2	1	2/1														
24665	11	9	1			9/1												
26210	8	8	1				8/1											
26308	8	8	1				8/1											
26975	10	5	1				5/1											
27042 正	30	14	5			10/3									2/1	2/1		
27042 反	15	8	3	2/1												2/1		4/1
27620	6	2	1											2/1				
31289	7	7	1				7/1											
31290	6	6	1				6/1											
31381	9	9	1				9/1											
33273	18	2	1			2/1												

续表

片号《合》	卜辞条数	重贞条数	重贞组数	相邻重贞条（组）				相间重贞条（组）				相距重贞条（组）						三角位置条（组）
				左右相邻		上下相邻		左右相间		上下相间		左右相距		上下相距		斜向相距		
				皆正	皆负	皆正	皆负	皆正	皆负	皆正	皆负	皆正	皆负	皆正	皆负	皆正	皆负	
33291	17	2	1							2/1								
33430	7	5	2								2/1							3/1
33469	7	7	1				7/1											
33509	2	2	1										2/1					
33871	9	2	1			2/1												
33986	11	2	1												2/1			
34734	11	11	2				8/1	3/1										
34735	9	9	1				9/1											
34966正	5	5	1				5/1											
34998	8	8	1				8/1											
35070	7	6	1												6/1			
35706	7	4	1				4/1											
36846	7	7	1				7/1											
37362	7	5	1				5/1											
39145	6	6	1				6/1											
39155	5	5	1				5/1											
41761	6	3	1				3/1											
41770	6	6	1				6/1											

表 12-2　　　　　　　　　　大版胛骨重贞卜辞类型分析表

	卜辞条数	重贞条数	相邻重贞				相间重贞				相距重贞						三角位置
			左右相邻		上下相邻		左右相间		上下相间		左右相距		上下相距		斜向相距		
			皆正	皆负	皆正	皆负	皆正	皆负	皆正	皆负	皆正	皆负	皆正	皆负	皆正	皆负	
总计条	321	219	/	4	68	111	/	3	2	2	/	2	2	12	/	6	7
总计组		46	/	2	13	17	/	1	1	1	/	1	1	4	/	3	2
每类占卜辞总条数的百分比	68.15%		/	1.24%	21.18%	34.58%	/	0.93%	0.62%	0.62%	/	0.62%	0.62%	3.73%	/	1.87%	2.18%
			1.24%		55.76%		0.93%		1.24%		0.62%		4.32%		1.87%		
			57%				2.17%				6.81%						
每一类占重贞总条数的比例	100%		/	1.82%	31.05%	50.68%	/	1.37%	0.91%	0.91%	/	0.91%	0.91%	5.48%	/	2.73%	3.2%
			1.82%		81.73%		1.37%		0.91%		0.91%		6.39%		2.73%		
			83.55%				2.28%				10.03%						
每一类占重贞总组数的比例	100%		/	4.35%	28.26%	36.95%	/	2.17%	2.17%	2.17%	/	2.17%	2.17%	8.70%	/	6.52%	4.35%
			4.35%		65.21%		2.17%		4.34%		2.17%		10.87%		6.52%		
			69.56%				6.51%				19.56%						
相邻、相间、相距中每小类所占比例			/	2.18%	37.15%	60.65%	/	42.85%	28.57%	28.57%	/	9.09%	9.09%	54.55%	/	27.27%	/
			2.18%		97.80%		42.85%		57.14%		9.09%		63.64%		27.27%		
			100%				100%				100%						

三　理论分析

根据上文统计，可以得出如下几个特点：

第一，重贞总条数 219 条，46 组，在卜辞总数（321 条）中占 68.15%，也就是说，在大版胛骨卜辞中，重贞卜辞占一半以上。

第二，相邻位置的重贞 183 条，32 组，占重贞总条数的 83.55%，占重贞总组数的 69.56%；其中上下相邻重贞占绝对优势，占重贞总条数的 65.21%。

第三，相间位置的重贞 7 条，3 组，左右相间为负 1 组，上下相间为正、为负各 1 组；占重贞总条数的 2.28%，占重贞总组数的 6.51%。

第四，相距位置的重贞 22 条，9 组，占重贞总条数的 10.03%，占重贞总组数的 19.56%，其中以上下相距重贞为主，左右相距与斜向相距重贞占少数。

综上所述可得出结论：大版胛骨重贞卜辞，主要以相邻位置为主，且以上下相邻的重贞为主。

第十三章

对贞专题研究

第一节 对贞分类

一 按刻写材料分类

1. 龟版对贞

例：《合》33069

丁酉卜，今生十月，王隶徝

受又？

弗受又？

壬子卜，贞：步自亡囚？

有囚？

庚子卜，伐受佑？八月。

弱伐归？

《合》33069

2. 胛骨对贞

例：《合》32995

壬申卜，令马即射？

弱即？

二 按照贞人分类

1. 贞人相同的对贞（未发现）

2. 贞人不同的对贞（未发现）

《合》32995

三　按照贞卜时间分类

1. 同日对贞

例：《合》32175

庚寅卜，又伐姚丙？

庚寅卜，弜〔又〕伐？

2. 邻日对贞（未发现）

3. 相隔数日对贞（未发现）

四　按照刻写位置分类

1. 相邻对贞

例：《合》32171

己亥卜，不雨？庚子夕雨？

己亥卜，其雨？庚子允夕雨？

2. 相间对贞①

例：《合》32631

乙丑卜，其又岁于毓祖乙？

弜又？

3. 相距对贞②

例：《合》23178

贞：于父丁禦？

贞：弜禦？

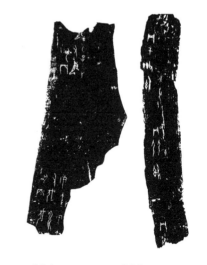

《合》32175　　　《合》23178

《合》32171　　　《合》32631

---

①　为了节省篇幅，相间类卜辞中间的其他卜辞未将其列出，参照甲骨拓片可以看出两者处于相间位置。

②　本书相距位置指在一片甲骨中两条卜辞之间相距的空位等于或是大于此片甲骨书写两个字所需的空间。

第二节　龟甲对贞

龟甲对贞卜辞文例类型列简图如下，下文将以本图为纲目，举例详细说明每种类型的对贞。

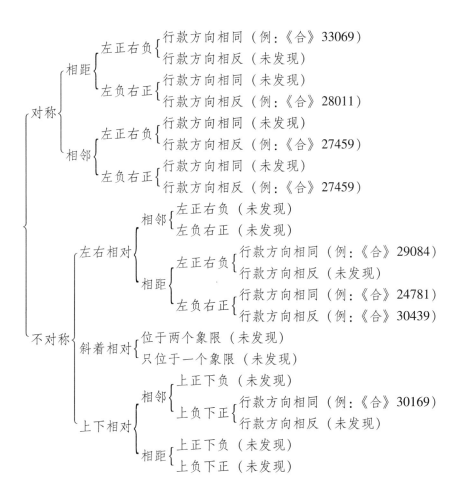

注：1. 简图中的例子只有一个，正文中所举例子不止一个。

2. 第二至五期卜辞中刻写材料是龟甲的卜辞数量比较少，所以有些理论上应该有的文例，我们在第二至五期中没有发现。

一　对称

（一）相距位置

1. 左正右负

（1）行款方向相同

例：《合》33069

壬子卜，贞：步自亡囚？

有囚？

（2）行款方向相反（未发现）

2. 左负右正

（1）行款方向相同（未发现）

（2）行款方向相反

例：《合》28011

壬戌卜，狄，贞：及方？大吉。

壬戌卜，狄，贞：弗及？吉。

例：《合》33069

丁酉卜，今生十月，王朿徝受又？

弗受又？

庚子卜，伐归受又。八月？

弜伐归？

（二）相邻位置

1. 左正右负

（1）行款方向相同（未发现）

（2）行款方向相反

例：《合》28011

壬戌卜，狄，贞：其遘方？

壬戌卜，贞：不遘方？

例：《合》27459

癸亥卜，狄，贞：今日亡大祝风？

癸亥卜，狄，贞：又大风？

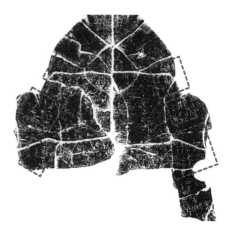

《合》**33069**

《合》**28011**

2. 左负右正

（1）行款方向相同（未发现）

（2）行款方向相反

例：《合》27459

$$\begin{cases} 壬戌卜，贞：叀\,用？ \\ 贞：弜\,\,？吉。 \end{cases}$$

$$\begin{cases} 贞：叀庸用？大吉。 \\ 贞：勿庸？ \end{cases}$$

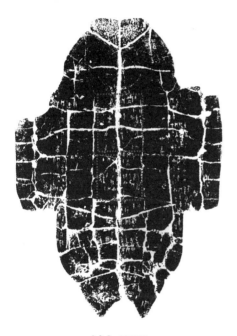

《合》27459

《合》27459（局部放大）

二　不对称

（一）左右相对

1. 左右相邻（未发现）

2. 左右相距

（1）左正右负

A. 行款方向相同

例：《合》29084

丁丑卜，狄，贞：其遘雨？

丁丑卜，狄，贞：王田不遘雨？

《合》29084

《合》29084（局部放大）

B. 行款方向相反（未发现）

（2）左负右正

A. 行款方向相同

例：《合》24781

贞：今夕雨？

贞：今夕不其雨？

B. 行款方向相反

例：《合》30439

贞：其涉兕西兆？

《合》24781

贞：不涉？

（二）斜对（未发现）

1. 位于两个象限

2. 位于一个象限

（三）上下相对

1. 上下相邻

（1）上正下负（未发现）

（2）上负下正

A. 行款方向相同（自右向左刻写）

例:《合》30169

其炆侃毋又雨？大吉

弜炆亡雨？

B. 行款方向相反（未发现）

2. 上下相距（未发现）

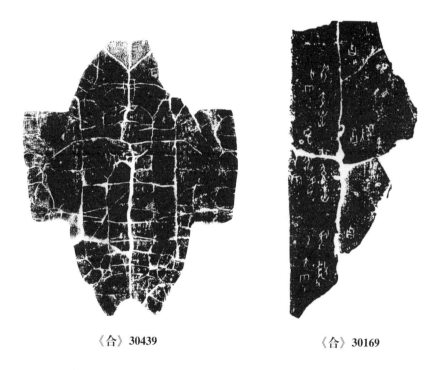

《合》30439　　　　　　　《合》30169

第三节　胛骨对贞

胛骨对贞卜辞类型简图如下，下文将以本图为纲目，举例详细说明每种类型的对贞。

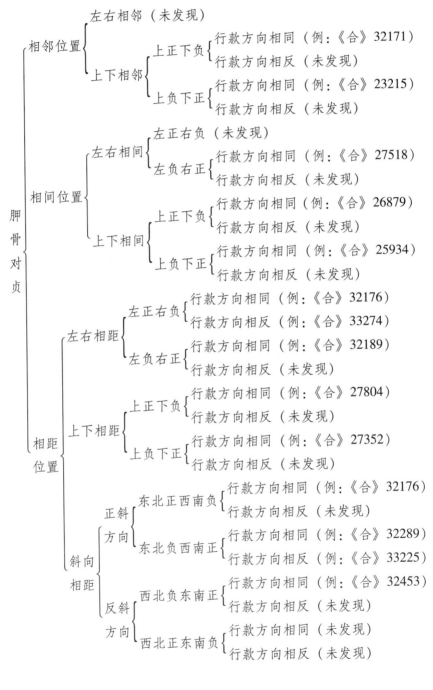

一 相邻位置

（一）左右相邻（未发现）

（二）上下相邻

1. 上正下负

（1）行款方向相同

A. 自左向右刻写

例：《合》32171

> ⎰ 己亥卜，不雨？庚子夕雨？
> ⎱ 己亥卜，其雨？庚子允夕雨？

> ⎰ 癸卯卜，[其]雨⋯
> ⎱ 癸卯卜，不雨？甲辰允不雨？

例：《合》38178

甲辰卜，贞：翼日乙王其宾，宜于羍？

衣，不遘雨？

其遘雨？

B. 自右向左刻写

例：《合》32175

> ⎰ 庚寅卜，伐又妣丙？
> ⎱ 庚寅[卜]，弜[又]伐？

（2）行款方向相反（未发现）

2. 上负下正

（1）行款方向相同

A. 自左向右刻写　例：《合》23215

> ⎰ 丙戌卜，行，贞：翼丁亥，父丁岁其勿牛？
> ⎱ 贞：弜勿？

B. 自右向左刻写　例：《合》32216

> ⎰ 癸亥卜，遘酒宜伐于大乙？
> ⎱ [癸]亥卜，弜遘？

（2）行款方向相反（未发现）

《合》32171　　《合》38178

《合》32175

《合》23215

《合》32216

二　相间位置

（一）左右相间

1. 左正右负（未发现）

2. 左负右正

（1）行款方向相同

例：《合》27518

{ 戊戌卜，其征示于匕己？

{ 弜征？

（2）行款方向相反（未发现）

（二）上下相间

1. 上正下负

《合》27518

（1）行款方向相同

A. 自左向右刻写

例：《合》32631

{乙丑卜，其又岁于毓祖乙？
{弜又？

B. 自右向左刻写

例：《合》26879

{戌彘弗雉王众？
{戌彘其雉王众？

（2）行款方向相反（未发现）

2. 上负下正

（1）行款方向相同

A. 自左而右刻写

例：《合》25934

{乙酉卜，大，贞：翼丁亥易日？八〔月〕。
{贞：不其易日？

B. 自右而左刻写（未发现）

（2）行款方向相反（未发现）

《合》32631　　《合》26879

三　相距位置

（一）左右相距

1. 左正右负

（1）行款方向相同

A. 自左向右刻写

例：《合》32176①

{甲子卜，不绊雨？
{其绊雨？

《合》25934

---

① 其中一条卜辞只书写一行者，本书均视为与另一条行款相同。

B. 自右向左刻写

例：《合》32995

> 壬申卜，令马即射？
> 弜即？

（2）行款方向相反

例：《合》33273

> 庚午卜，燎于岳又从才雨？
> 燎于岳亡从才雨？

例：《合》33274

> 乙酉卜，丁雨？　一
> 不雨？　一

《合》32176　　　　　《合》32995

《合》33273　　　　　《合》33274

2. 左负右正

（1）行款方向相同

A. 自右向左刻写

例：《合》32189

$$\begin{cases} 癸丑卜，乙丑易日？ \\ 不易日？ \end{cases}$$

《合》32189（局部）

《合》34229（局部）

B. 自左向右刻写

例：《合》34229

$$\begin{cases} 辛亥卜，岳奉它，又岳？ \\ 辛亥卜，岳弗奉它禾，弜又岳？ \end{cases}$$

（2）行款方向相反（未发现）

（二）上下相距

1. 上正下负

（1）行款方向相同

A. 自左向右刻写

例：《合》33417

$$\begin{cases} 其雨？ \\ 不雨？ \end{cases}$$

B. 自右向左刻写

《合》33417

例：《合》27804

> 其寻方又雨？
> 弜寻方又雨？

例：《合》27995

> 戍及戠方？
> 戍弗及戠方？

（2）行款方向相反（未发现）

2. 上负下正

（1）行款方向相同

A. 自左向右刻写

例：《合》34083

> 乙未，贞：大禦其莑昱日？
> 乙未，贞：大禦弜莑昱日其興？

B. 自右向左刻写

例：《合》27352

> 叀妣庸用？
> 弜妣庸用？

> 叀小乙乍美庸用？
> 弜用？

《合》27804　　《合》27995

《合》34083　　　　《合》27352

（2）行款方向相反（未发现）

（三）斜向相距

1. 正斜方向

（1）东北正西南负

A. 行款方向相同

例：《合》32176

$$\begin{cases} 甲子，贞：大邑受禾？ \\ 不受禾？ \end{cases}$$

B. 行款方向相反（未发现）

（2）东北负西南正

A. 行款方向相同

例：《合》32289

$$\begin{cases} 戊辰卜，炆曼𪊽雨？ \\ 弜炆雨？ \end{cases}$$

B. 行款方向相反

例：《合》33225

$$\begin{cases} 王其穧？ \\ 王弜穧？ \end{cases}$$

2. 反斜方向

（1）西北负东南正

例：《合》32453

$$\begin{cases} 丙申卜，祼 ⁂ 埶？ \\ 弜埶？兹用。 \end{cases}$$

（2）西北正东南负（未发现）

《合》32176

《合》32289

《合》33225

《合》32453

第四节　第二至五期大版胛骨卜辞
对贞类型统计分析

一　选取标准

1. 完整的胛骨。

2. 比较完整，即使有残缺部分，但是根据一般的文例规律，可以推断出残缺部分。

二　统计方法

1. 逐片阅读甲骨拓片，参阅《殷墟甲骨刻辞摹释总集》《甲骨文合集释文》及《甲骨文摹释全编》中的释文卜辞分条，但是不完全采用这几本书中的释文卜辞分条。

2. 逐片分类统计，再总体统计，最后计算出每种类型所占比例。

说明：其中"／"前边的数字表示条数，后边的数字表示组数，例如：《合》23002，对贞4/2，表示《合》23002上总共有4条对贞卜辞，根据其内容可以分为两组对贞。对贞条数＝二卜式对贞条数＋三卜式对条数＋四卜式对贞条数＋五卜式对贞条数。

表 13 - 1　　　　　　　　　大版胛骨对贞卜辞类型统计表

甲骨片号《合》	卜辞条数	对贞条数	对贞组数	二卜式对贞								三卜式对贞		四卜式对贞		五卜式对贞	
				上下对贞		左右对贞		斜向对贞 正斜		斜向对贞 反斜							
				上正下负	上负下正	左正右负	左负右正	东北正西南负	东北负西南正	西北正东南负	西北负东南正	二正一负	二负一正	三负一正	三正一负	三正二负	三负二正
《合》23002	10	8	4		4/2	4/2											
《合》23732	6	4	2		4/2												
《合》26907 正	20	2	1			2/1											
《合》27042 正	30	4	2	2/1		2/1											
《合》27454	7	2	1		2/1												
《合》28272	7	2	1		2/1												
《合》28965	8	2	1	2/1													
《合》30133	7	6	3	2/1	2/1	2/1											
《合》30693	8	2	1		2/1												
《合》30812	7	7	3		4/2								3/1				
《合》32185	7	5	1													5/1	
《合》32216	10	2	1		2/1												
《合》32396	3	3	1										3/1				
《合》32453	16	2	1									2/1					
《合》32461 正	6	2	1		2/1												
《合》32616	11	4	2		2/1							2/1					
《合》32625	9	4	2	4/2													
《合》32695	4	3	1									3/1					
《合》33241	13	4	2	2/1	2/1												
《合》33273	18	4	2		2/1	2/1											
《合》33274	8	4	2			2/1		2/1									
《合》33291	17	4	2		4/2												
《合》33747 反	3	2	1			2/1											
《合》33871	9	2	1		2/1												

续表

甲骨片号《合》	卜辞条数	对贞条数	对贞组数	二卜式对贞								三卜式对贞		四卜式对贞		五卜式对贞	
				上下对贞		左右对贞		斜向对贞 正斜		反斜		二正一负	二负一正	三正一负	三负一正	三正二负	三负二正
				上正下负	上负下正	左正右负	左负右正	东北正西南负	东北负西南正	西北正东南负	西北负东南正						
《合》33986	11	5	2	2/1											3/1		
《合》34106	8	4	2	4/2													
《合》34229	23	14	7	4/2	6/3	4/2											

表 13 - 2　　　　　　　　　　大版胛骨对贞卜辞类型分析表

	卜辞条数	对贞条数	二卜式对贞								三卜式		四卜式		五卜式	
			上下对贞条（组）		左右对贞条（组）		斜向对贞条（组）东北—西南		西北—东南		二正一负	二负一正	三正一负	三负一正	三正二负	三负二正
			上正下负	上负下正	左正右负	左负右正	东北正西南负	东北负西南正	西北正东南负	西北负东南正						
总计条	286	107	14	44	14	12	/	2	/	4	3	9	/	/	5	/
总计组		50	7	22	7	6	/	2	/	2	1	3	/	/	1	/
每一小类占对贞总条数的比例	100%		13.08%	41.12%	13.08%	11.21%	/	1.87%	/	3.73%	2.80%	8.41%	/	/	4.67%	/
			54.20%		24.29%		1.87%		3.73%		11.21%		/		4.67%	
			84.09%								11.21%		/		4.67%	
每一小类占对贞总组数比例	100%		14%	44%	14%	12%	/	2%	/	4%	2%	6%	/	/	2%	/
			58%		26%		2%		4%		8%		/		2%	
			90%								8%		/		2%	

续表

卜辞条数	对贞条数	二卜式对贞								三卜式		四卜式		五卜式	
		上下对贞条（组）		左右对贞条（组）		斜向对贞条（组）				二正一负	二负一正	三负一正	三正一负	三正二负	三负二正
						东北—西南		西北—东南							
		上正下负	上负下正	左正右负	左负右正	东北正西南负	东北负西南正	西北正东南负	西北负东南正						
每一类占卜辞总条数的百分比	37.41%	4.89%	15.38%	4.89%	4.20%	/	0.69%	/	1.39%	1.04%	3.14%	/	/	1.74%	/
		20.27%		9.09%		0.69%		1.39%							
		31.45%								4.18%		/		1.74%	
在不同卜式中卜辞中每一小类所占的比例		15.56%	48.89%	15.56%	13.33%	/	2.22%	/	4.44%	25%	75%			100%	/
		64.45%		28.89%		2.22%		4.44%							
		100%								100%		/		100%	
上下、左右、斜向每一小类所占的比例		24.14%	75.86%	53.85%	46.15%	/	33.33%		66.67%	/	/	/	/	/	/
						33.33%		66.67%							
		100%		100%		100%									

三　理论分析

根据上文统计，可以得出如下几个特点：

第一，对贞卜辞条数 107 条，50 组，在卜辞总条数（286 条）中占 37.41%，也就是说，在胛骨卜辞中，对贞卜辞大约占 1/3。

第二，在对贞卜辞中，二卜式对贞 90 条，45 组，占对贞总条数的 84.11%，占对贞总组数的 90%；三卜式对贞 12 条，4 组，占对贞总条数的 11.21%，占对贞总组数的 8%；四卜式对贞未发现；五卜式对贞 5 条，1 组，占对贞总条数的 4.67%，占对贞总组数的 2%。由此可见，在对贞卜辞中，二卜式对贞占绝大多数，三卜式对贞、五卜式对贞占很少，其中四卜式对贞未发现。

第三，在二卜式对贞中，上下对贞 58 条，29 组，占二卜式对贞总数的 64.44%；左右对贞 26 条，13 组，占二卜式对贞总数的 28.89%；斜向对贞 6 条，3 组，占二卜式对贞总数的 6.67%。

（1）在上下对贞中，上正下负，14 条，7 组，占上下对贞总数的 24.14%，上负下正型对贞，44 条，22 组，占上下对贞总数的 75.86%。

（2）在左右对贞中，左正右负，14 条，7 组，占左右对贞总数的 53.85%，左负右正型对贞，12 条，6 组，占左右对贞总数的 46.15%。

（3）在斜向对贞中，东北—西南方向中，东北正西南负，未发现，东北负西南正，2 条，1 组，占 33.33%；西北—东南方向中，西北正东南负，未发现，西北负东南正，4 条，2 组，占 66.67%。

由此可以得出结论：在胛骨二卜式对贞中，以上下对贞为主；在上下对贞中，以上负下正型对贞为主；在左右对贞中，以左正右负型对贞为主；在斜向对贞中，以西北—东南方向为主。

第十四章

选贞专题研究

第一节 选贞分类

一 按刻写材料分类

1. 龟甲选贞

例:《合》36196 丙

丙申卜,贞:王宾大乙奭妣〔丙
翌〕日亡尤?

戊戌卜,王宾大丁奭妣戊翌日
亡尤?

2. 胛骨选贞

例:《合》32081

三羌?

五羌?

二 按照贞卜选项的数量分类

1. 二项选贞

例:《合》24506

庚戌卜,王曰贞:其剎右马?

庚戌卜,王曰贞:其剎左马?

2. 三项选贞

例:《合》32090

己丑,贞:又伐自上甲大示五羌三牢?

《合》36196 丙　　《合》32081

其三羌二牢？

其二羌一牢？

3. 四项选贞

例：《合》33208

甲子卜，王从东戈𢦔厓𢦤？

乙丑卜，王从南戈𢦔厓𢦤？

丙寅卜，王从西戈𢦔厓𢦤？

丁卯卜，王从北戈𢦔厓𢦤？

4. 五项选贞

例：《合》34246

河尞二牛？

河尞三牛？

河尞叀羊二？

河尞叀羊三？

河尞五牛？

《合》24506　　《合》32090　　《合》34246

三　按照贞卜时间分类

1. 同日选贞

例：《合》32403

辛未卜，又大乙七牢？

辛未卜，又大乙十牢？

2. 邻日选贞（相邻四日连续选贞）

例：《合》33208

甲子卜，王从东戈𢦔厓𢦤？

乙丑卜，王从南戈𢦔厓𢦤？

丙寅卜，王从西戈𢦔厓𢦤？

丁卯卜，王从北戈𢦔厓𢦤？

3. 隔日选贞

例：《合》36196 丙

丙申卜，贞：王宾大乙奭妣［丙翌］日亡尤？

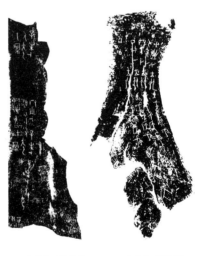

《合》32403　　《合》33208

戊戌卜，王宾大丁奭妣戊翌日亡尤？

四　按照选贞的次数分类

1. 一次选贞

例：《合》32403

辛未卜，又于大乙七牢？

辛未卜，又于大乙十牢？

2. 二次选贞

例：《合》32216

{丁巳卜，今夕酚宜？
{丁巳卜，于木夕酚宜？

{丁巳卜，更今夕酚宜？
{丁巳卜，于木夕酚宜？

五　按照卜辞内容的正负分类

1. 同为正选贞

例：《合》26888

更潜又戋？

［更］隽又戋？

2. 同为负选贞

例：《合》36196 丙

丙申卜，贞：王宾大乙奭妣［丙
翌］日亡尤？

戊戌卜，王宾大丁奭妣戊翌日亡尤？

《合》26888　　　　《合》32107

六　按照刻写位置分类

1. 相邻选贞

例：《合》32107

其一羌一牛？

其三羌三牛？

2. 相间选贞

例:《合》32403

辛未卜,又大乙七牢?

辛未卜,又大乙十牢?

3. 相距选贞

例:《合》27330

叀小丁?

叀小乙?

叀妣庚?

叀子?

《合》32216　　　　　　　　　　《合》27330

第二节　龟甲选贞

龟甲选贞卜辞类型简图如下，下文将以本图为纲目，举例详细说明每种类型的选贞。

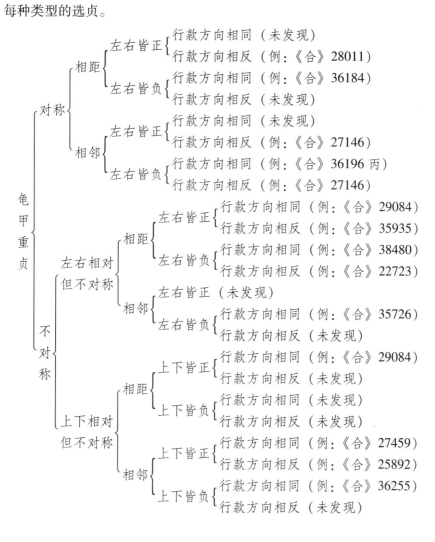

注：1. 简图中的例子只有一个，正文中所举例子不止一个。

2. 第二至五期卜辞中刻写材料是龟甲的卜辞数量少，所以有些理论上应该有的文例，在第二至五期中没有发现。

一 对称

（一）相距

1. 左右皆正

（1）行款方向相同（未发现）

（2）行款方向相反

例：《合》28011

壬戌卜，狄，贞：叀马亚乎执？

壬戌卜，狄，贞：叀成乎执？

2. 左右皆负

（1）行款方向相同

例：《合》36184

庚申卜，贞：王宾示壬奭妣庚**觌**
亡尤？

甲子卜，贞：王宾示癸奭妣甲**觌**
亡尤？

（2）行款方向相反（未发现）

《合》28011

《合》36184

《合》36196 丙

（二）相邻

1. 左右皆正

（1）行款方向相同（未发现）

（2）行款方向相反

例：《合》27146

戊午卜，狄，贞：隹咒于大乙隹示？

戊午卜，狄，贞：隹咒大丁隹示？

2. 左右皆负

（1）行款方向相同

例：《合》36196 丙

丙申卜，贞：王宾大乙奭匕
［丙翌］日亡尤？

戊戌卜，王宾大丁奭匕戊翌日
亡尤？

（2）行款方向相反

例：《合》27146

己巳卜，狄，贞：王其田叀辛
亡灾？

己巳卜，贞：王其田叀壬亡灾？

例：《合》30757

甲辰卜，狄，贞：王其田叀翌日乙亡灾？

甲辰卜，狄，贞：叀翌日戊亡灾？

《合》27146（局部）

《合》27146（局部）

《合》30757（局部）

二 不对称

（一）左右相对但不对称

1. 相距

（1）左右皆正

A. 行款方向相同

例：《合》29084

丁丑卜，贞：王田叀乙？

丁丑卜，贞：王田叀丙？

《合》35935

《合》38480

B. 行款方向相反

例：《合》35935

壬戌卜，贞：母癸丁叀羊？

癸卯卜，贞：祖甲丁其牢？兹用。

（2）左右皆负

A. 行款方向相同

例：《合》38480

丙寅卜，贞：王宾岁亡尤？

贞：王宾叔亡尤？

B. 行款方向相反

例：《合》22723（相隔八日选贞）

丁未卜，尹，贞：王宾丁乡亡尤？

甲寅卜，尹，贞：王宾大甲乡亡尤？

2. 相邻

（1）左右皆正（未发现）

《合》22723

（2）左右皆负

A. 行款方向相同

例：《合》35726（相隔七日选贞）

甲申卜，贞：王宾龟［甲］**礿**日亡尤？

庚寅卜，贞：王宾盘庚**礿**日亡尤？

B. 行款方向相反（未发现）

《合》35726　　　　　　　　　　　《合》29084

（二）上下相对但不对称

1. 相距

（1）上下皆正

A. 行款方向相同　　例：《合》29084

丁丑卜，贞：王其田于盂口泉南兆立？

贞：乎北兆立？

B. 行款方向相反（未发现）

（2）上下皆负（未发现）

2. 相邻

（1）上下皆正

A. 行款方向相同

例：《合》27459

庚申卜，贞：王叀麦麇逐？

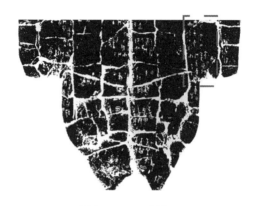

《合》27459（局部）

庚申卜，狄，贞：王叀斿麋用？

B. 行款方向相反

例：《合》25892

辛亥卜，滢，贞：鼐不既
䢔其亦□叀丁巳酚？三

辛亥卜，滢，贞：鼐不既
䢔其亦□其宾⋯三

（2）上下皆负

A. 行款方向相同

例：《合》36255

庚寅卜，贞：王宾祖乙奭
妣庚劦日［无尤］？

辛酉卜，贞：王宾武丁奭
妣辛劦［日亡尤］？

B. 行款方向相反（未发现）

《合》25892　　　　《合》36255

第三节　胛骨选贞

胛骨选贞卜辞类型简图如下，下文将以本图为纲目，举例详细说明每种类型的选贞。

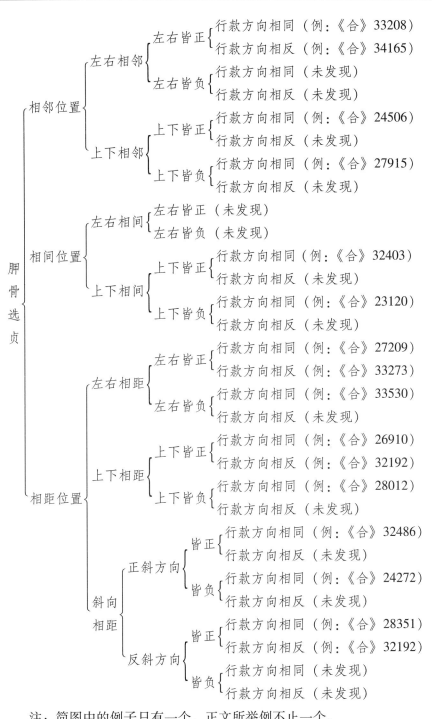

注：简图中的例子只有一个，正文所举例不止一个。

一　相邻位置

（一）左右相邻

1. 左右皆正

（1）行款方向相同

例：《合》33208

甲子卜，王从东戈𢦏厎𢦏？

乙丑卜，王从南戈𢦏厎𢦏？

丙寅卜，王从西戈𢦏厎𢦏？

丁卯卜，王从北戈𢦏厎𢦏？

（2）行款方向相反

例：《合》34165

戊子，贞：其尞于洹泉…三宰宜宰？

戊子，贞：其尞于洹泉大三牢宜牢？

2. 左右皆负（未发现）

《合》33208

《合》34165

（二）上下相邻

1. 上下皆为正

（1）行款方向相同

A. 自左向右刻写（未发现）

B. 自右向左刻写

例：《合》24506

庚戌卜，王曰贞：其剎右马？

庚戌卜，王曰贞：其剎左马？

（2）行款方向相反（未发现）

2. 上下皆为负

（1）行款方向相同

A. 自左向右刻写

例：《合》27915

王其田，叀犬自匕禽亡戋？

王其田，叀岁犬匕禽亡戋？

B. 自右向左刻写

例：《合》22625

甲午卜，行，贞：王宾岁亡［尤］？才十二月。

甲午卜，行，贞：王宾叙亡尤？才十二月。

（2）行款方向相反（未发现）

《合》24506　　《合》27915

二　相间位置

（一）左右相间（未发现）

（二）上下相间

1. 上下皆为正

（1）行款方向相同

A. 自左向右刻写

例：《合》24983

《合》22625　　《合》24983

贞：叀今日酻，其屮于二子？

贞：[叀]来丁未酻？十二月。

B. 自右向左刻写

例：《合》32403

辛未卜，又大乙七牢？

辛未卜，又大乙十牢？

（2）行款方向相反（未发现）

2. 上下皆为负

（1）行款方向相同

A. 自左向右刻写

例：《合》23120

乙亥卜，行，贞：王宾小乙叠亡尤？才十一月。

丁丑卜，行，贞：王宾父丁叠亡尤？

己卯卜，行，贞：王宾兄己叠[亡尤]？

B. 自右而左刻写

例：《合》25385

甲辰卜，尹，贞：王宾月裸亡囚？

乙巳卜，尹，贞：王宾执裸亡囚？才九月。

（2）行款方向相反（未发现）

三　相距位置

（一）左右相距

1. 左右皆为正

（1）行款方向相同

自右向左刻写

例：《合》27209

于丙酻王受又？大吉。

《合》32403

《合》23120　　《合》25385

于丁酉王受又？

（2）行款方向相反

例：《合》33273

壬申，贞：莩禾于夒？

壬申，贞：莩禾于河？

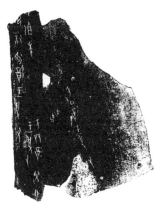

《合》27209

《合》33273

2. 左右皆为负

（1）行款方向相同

自左向右刻写

例：《合》33530（相隔十日选贞）

戊申卜，贞：王其田牟亡灾？

戊午卜，贞：王其田向亡灾？

（2）行款方向相反（未发现）

（二）上下相距

1. 上下皆正

（1）行款方向相同

A. 自左向右刻写

例：《合》26888

叀渚又戋？

[叀] 隽又戋？

《合》33530　　《合》26888

B. 自右向左刻写

例：《合》26910

其又羌十人王受又？

二十人王受又？

三十人王受又？

（2）行款方向相反

例：《合》32192

庚辰，贞：更丁日？

庚［辰］，贞：更辛日？

2. 上下皆为负

（1）行款方向相同

A. 自左向右刻写

例：《合》28625

王其省［田］不遘大雨？

不遘小雨？

《合》26910　　　《合》32192　　　《合》28625　　　　《合》28012

B. 自右向左刻写

例：《合》28012

弜易襄人方不出于之？

弜易涂人方不出于之？

（2）行款方向相反（未发现）

（三）斜向相距

1. 正斜方向

（1）皆为正

A. 行款方向相同

例：《合》32486

戊辰，贞：㳄于大甲蔑珏三牛？

…㳄于大甲蔑珏一牛？

B. 行款方向相反（未发现）

（2）皆为负

A. 行款方向相同

例：《合》24272

丁未卜，行，贞：王宾岁无尤？才𣂕寮卜。

丁未卜，行，贞：王宾𣪘无尤？才𣂕寮卜。

B. 行款方向相反（未发现）

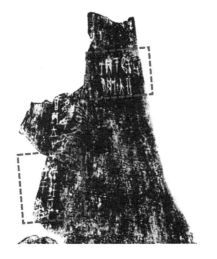

《合》32486（局部）

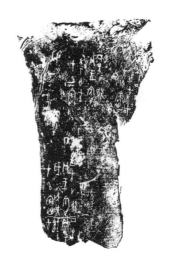

《合》24272

2. 反斜方向

（1）皆为正

A. 行款方向相同

例：《合》28351

隋鹿其南牧禽？

其北牧禽？

B. 行款方向相反

例：《合》32192

己卯卜，叀乙日？

庚辰，贞：叀丁日？

（2）皆为负（未发现）

《合》28351

《合》32192

第四节 第二至五期大版胛骨卜辞
选贞类型统计分析

一 选取标准

1. 完整的胛骨。

2. 比较完整，即使有残缺部分，但是根据一般的文例规律，可以推断出残缺部分。

二 统计方法

1. 逐片阅读甲骨拓片，参阅《殷墟甲骨刻辞摹释总集》《甲骨文合集释文》《甲骨文摹释全编》中的释文卜辞分条，但是不完全采用这几本书中的释文卜辞分条。

2. 逐片分类统计，再总体统计，最后计算出每种类型所占比例。

说明：其中"/"前边的数字表示条数，后边的数字表示组数，例如：《合》23002，选贞 2/1，表示《合》23002 上总共有两条选贞卜辞，根据其内容可以分为一组选贞。选贞条数 = 相邻选贞条数 + 相间选贞条数 + 相距选贞条数 + 三角位置条数 + 矩形位置条数。

表 14 - 1　　　　　　　大版胛骨选贞卜辞类型统计表

片号《合》	卜辞条数	选贞条数	相邻选贞条（组）				相间选贞条（组）				相距选贞条（组）						三角位置	矩形位置
			左右相邻		上下相邻		左右相间		上下相间		左右相距		上下相距		斜向相距			
			皆正	皆负	皆正	皆负	皆正	皆负	皆正	皆负	皆正	皆负	皆正	皆负	皆正	皆负		
23002	10	2			2/1													
26879	7	7			2/1	5/1												
26907 正	20	8			8/2													
27321	17	3			3/1													
27454	7	5			5/2													
27620	6	3											3/1					

续表

片号《合》	卜辞条数	选贞条数	相邻选贞条（组）				相间选贞条（组）				相距选贞条（组）						三角位置	矩形位置
			左右相邻		上下相邻		左右相间		上下相间		左右相距		上下相距		斜向相距			
			皆正	皆负	皆正	皆负	皆正	皆负	皆正	皆负	皆正	皆负	皆正	皆负	皆正	皆负		
28180	8	7			4/2												3/1	
28272	7	4			4/2													
28965	8	6			6/3													
30173	7	2											2/1					
30693	8	4			2/1								2/1					
32028	9	5									2/1						3/1	
32113	9	2			2/1													
32192	10	7									7/2							
32198	9	4			4/1													
32216	10	4			4/2													
32301	14	7									2/1		2/1				3/1	
32308	7	2			2/1													
32453	12	7											5/2		2/1			
32461 正	6	4																4/1
32616	11	7			5/2									2/1				
32625	9	4			2/1						2/1							
33208	4	4	4/1															
33241	13	6									4/2				2/1			
33273	18	6			2/1				2/1		2/1							
33274	8	3	3/1															
33291	17	5			3/1						2/1							
34106	8	4			4/1													
34165	5	4	2/1		2/1													
34229	23	3															3/1	
35343	2	2			2/1													
35644	5	3			3/1													
36734	6	4				4/1												

续表

片号《合》	卜辞条数	选贞条数	相邻选贞条（组） 左右相邻 皆正	皆负	上下相邻 皆正	皆负	相间选贞条（组） 左右相间 皆正	皆负	上下相间 皆正	皆负	相距选贞条（组） 左右相距 皆正	皆负	上下相距 皆正	皆负	斜向相距 皆正	皆负	三角位置	矩形位置
37746	6	3				3/1												
41704	4	4			4/1													
41717	4	3			3/1													

表14-2　　　　　　大版胛骨选贞卜辞类型分析表

	卜辞条数	选贞条数	相邻选贞 左右相邻 皆正	皆负	上下相邻 皆正	皆负	相间选贞 左右相间 皆正	皆负	上下相间 皆正	皆负	相距选贞 左右相距 皆正	皆负	上下相距 皆正	皆负	斜向相距 皆正	皆负	三角位置	矩形位置
总计条	334	158	9	/	78	12	/	/	2	0	12	2	21	2	4	/	12	4
总计组		61	3	/	31	3	/	/	1	0	6	1	8	1	2	/	4	1
每类占卜辞总条数的百分比		47.3%	2.69%	/	23.35%	3.59%			0.60%	0%	3.59%	0.60%	6.29%	0.60%	1.20%	/	3.59%	1.20%
			2.69%		26.94%		/		0.60%		4.19%		6.89%		1.20%			
			29.63%				0.60%				12.28%							
每一类占选贞总条数的比例		100%	5.70%	/	49.37%	7.59%			1.27%	0%	7.59%	1.27%	13.29%	1.27%	2.53%	/	7.59%	2.53%
			5.70%		56.96%		/		1.27%		8.86%		14.56%		2.53%			
			62.66%				1.27%				25.95%							
每一类占选贞总组数的比例		100%	4.92%	/	50.82%	4.92%			1.64%	0%	9.83%	1.64%	13.11%	1.64%	3.28%	/	6.56%	1.64%
			4.92%		55.74%		/		1.64%		11.47%		14.75%		3.28%			
			60.66%				1.64%				29.50%							

续表

	卜辞条数	选贞条数	相邻选贞				相间选贞				相距选贞						三角位置	矩形位置
			左右相邻		上下相邻		左右相间		上下相间		左右相距		上下相距		斜向相距			
			皆正	皆负	皆正	皆负	皆正	皆负	皆正	皆负	皆正	皆负	皆正	皆负	皆正	皆负		
相邻、相间、相距中每小类所占比例			9.09%	/	78.79%	12.12%	/	/	100%	0%	29.27%	4.88%	51.22%	4.88%	9.75%	/	/	/
			9.09%		90.91%		/		100%		34.15%		56.10%		9.75%			
			100%				100%				100%							

三　理论分析

根据上文的统计，可以看出以下几个特点：

第一，选贞总条数 158 条，61 组，在卜辞总数（334 条）中占 47.30%，也就是说，在胛骨卜辞中，选贞卜辞几乎占了一半。

第二，相邻位置的选贞 99 条，37 组，占选贞总条数的 62.66%，占选贞总组数的 60.66%；其中上下相邻选贞占绝对优势，在左右相邻与上下相邻选贞中均已皆正为主。

第三，相间位置的选贞 2 条，1 组，占选贞总条数的 1.27%，占选贞总组数的 1.64%；其中，左右相间选贞未发现，上下相间选贞皆正发现一例，皆负未发现。

第四，相距位置的选贞 41 条，18 组，占选贞总条数的 25.95%，占选贞总组数的 29.50%，其中以上下相距选贞与左右相距选贞为主，斜向相距选贞占少数。

第十五章

补贞专题研究

第一节　补贞分类

一　按刻写材料分类

1. 龟甲补贞（未发现）

2. 胛骨补贞

例：《合》32014（图参见本章）

丙辰卜，叀丁卯酚祔岁？

于八月酚祔岁于丁？

二　按照贞卜时间分类

1. 同日补贞

例：《合》26975

庚戌卜，何，贞：妣辛岁，其抚
敖？二

庚戌卜，何，贞：其于来辛酉？三

2. 邻日补贞（未发现）

3. 相隔几日补贞（相隔二日补贞）

例：《合》22605

己巳卜，行，贞：翌庚午其又祔伐
于妣庚羌三十其卯三宰？

辛未卜，行，贞：王出亡囚？

《合》26975　　《合》22605

三　按照刻写位置分类

1. 相邻位置

例:《合》33694

乙亥,贞:又伊尹?

乙亥,贞:其又伊尹二牛?

2. 相间位置补贞

例:《合》22605

己巳卜,行,贞:翌庚午其又裄伐于妣庚羌三十其卯三宰?

辛未卜,行,贞:王出亡囚?

3. 相距位置补贞(未发现)

四　按照卜辞卜问的内容分类

1. 同为正

例:《合》33694

乙亥,贞:又伊尹?

乙亥,贞:其又伊尹二牛?

2. 同为负

例:《合》22630

甲戌卜,尹,贞:王宾上甲亡囚?

甲戌卜,尹,贞:王宾夕裸亡囚? 才六月。

《合》33694　　《合》22630

第二节　胛骨补贞

胛骨补贞卜辞类型简图如下，下文将以本图为纲目，举例详细说明每种类型的补贞。

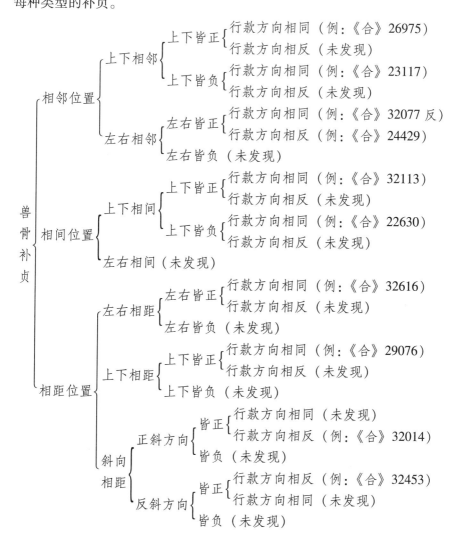

一　相邻位置

1. 上下相邻

（1）上下皆正

A. 行款方向相同

a. 自左向右刻写

例:《合》26975

庚戌卜,何,贞:妣辛岁,其抚兹? 二

庚戌卜,何,贞:其于来辛酉? 三

b. 自右向左刻写

例:《合》32014

丙辰卜,更丁卯酚祔岁?

于八月酚祔岁于丁?

B. 行款方向相反(未发现)

(2) 上下皆负

A. 行款方向相同

例:《合》23117

乙未卜,行,贞:王宾小乙亡尤?

乙未卜,行,贞:王宾小乙岁宰亡尤?

B. 行款方向相反(未发现)

2. 左右相邻

(1) 左右皆正

A. 行款方向相同

例:《合》32077 反

{ 乙未卜,王往田亡戈?
  乙未卜,王其田禽?

{ 辛卯卜,王往田亡戈?
  辛卯卜,王田禽?

{ 戊子卜,王往田于兹禽?
  戊子卜,王田亡戈?

B. 行款方向相反

《合》26975　　《合》32014

《合》23117　　《合》24429

例：《合》24429

辛丑卜，大，贞：今岁受年？二月。

癸卯卜，大，贞：南土受年？

（2）左右皆负（未发现）

《合》32077 反（局部）

二　相间位置

1. 上下相间

（1）上下皆正

A. 行款方向相同

例：《合》32113

癸丑，贞：王又岁于祖乙？

丙寅，贞：王又祔岁于祖乙牢又一牛？

B. 行款方向相反（未发现）

（2）上下皆负

A. 行款方向相同

例：《合》22630

甲戌卜，尹，贞：王宾上甲亡田？

甲戌卜，尹，贞：王宾夕祼亡田？才六月。

B. 行款方向相反（未发现）

2. 左右相间（未发现）

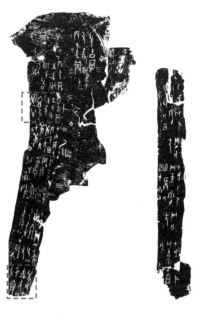

《合》32113　　　《合》22630

三　相距位置

1. 左右相距

（1）左右皆正

A. 行款方向相同

例：《合》32616（图参见第十一章第二节）

奉其上？

奉其上自祖乙？

B. 行款方向相反（未发现）

（2）左右皆负（未发现）

2. 上下相距

（1）上下皆正

A. 行款方向相同

例：《合》29076

丁未卜，雨，其出？

其出雨于喪？

B. 行款方向相反（未发现）

（2）上下皆负（未发现）

3. 斜向相距

（1）正斜方向

A. 正斜皆正

a. 行款方向相同（未发现）

b. 行款方向相反

例：《合》32014

丙辰卜，丁巳置壴？

丙辰卜，置壴莫于丁？

B. 正斜皆负（未发现）

（2）反斜方向

A. 反斜皆正

《合》29076　　　《合》32014

a. 行款方向相同

例：《合》32453（图参见第十三章第三节）

甲午卜，其又岁于高祖乙？

甲午卜，高祖乙岁三牢？

b. 行款方向相反（未发现）

B. 反斜皆负（未发现）

第十六章

多卜式卜辞专题研究

第一节　胛骨三卜式卜辞研究

胛骨三卜式卜辞的文例类型列简图如下，下文将以本图为纲，举例说明每种类型。

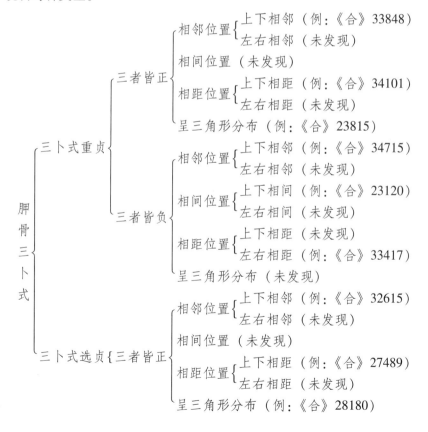

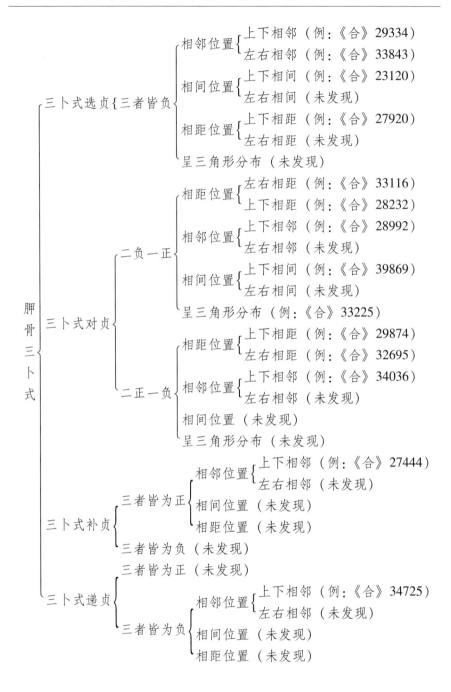

胛骨三卜式
├ 三卜式选贞 { 三者皆负
│　├ 相邻位置 { 上下相邻（例：《合》29334）/ 左右相邻（例：《合》33843）
│　├ 相间位置 { 上下相间（例：《合》23120）/ 左右相间（未发现）
│　├ 相距位置 { 上下相距（例：《合》27920）/ 左右相距（未发现）
│　└ 呈三角形分布（未发现）
├ 三卜式对贞
│　├ 二负一正
│　│　├ 相距位置 { 左右相距（例：《合》33116）/ 上下相距（例：《合》28232）
│　│　├ 相邻位置 { 上下相邻（例：《合》28992）/ 左右相邻（未发现）
│　│　├ 相间位置 { 上下相间（例：《合》39869）/ 左右相间（未发现）
│　│　└ 呈三角形分布（例：《合》33225）
│　└ 二正一负
│　　├ 相距位置 { 上下相距（例：《合》29874）/ 左右相距（例：《合》32695）
│　　├ 相邻位置 { 上下相邻（例：《合》34036）/ 左右相邻（未发现）
│　　├ 相间位置（未发现）
│　　└ 呈三角形分布（未发现）
├ 三卜式补贞
│　├ 三者皆为正
│　│　├ 相邻位置 { 上下相邻（例：《合》27444）/ 左右相邻（未发现）
│　│　├ 相间位置（未发现）
│　│　└ 相距位置（未发现）
│　└ 三者皆为负（未发现）
└ 三卜式递贞
　├ 三者皆为正（未发现）
　└ 三者皆为负
　　├ 相邻位置 { 上下相邻（例：《合》34725）/ 左右相邻（未发现）
　　├ 相间位置（未发现）
　　└ 相距位置（未发现）

一 三卜式重贞

（一）三者皆正

1. 三者相邻

（1）上下相邻

例：《合》33848

己亥卜，庚雨？

己亥卜，庚雨？

己亥卜，庚雨？

例：《合》23347

庚子卜，王？

庚子卜，王？

庚子卜，王？

（2）左右相邻（未发现）

2. 三者相间（未发现）

3. 三者相距

（1）上下相距

例：《合》34101

其乍蠢？

其乍蠢？

其乍蠢？六示。

（2）左右相距（未发现）

4. 三者呈三角形分布

例：《合》23815

乙丑卜，王？

乙丑卜，王？

乙丑卜，王？

例：《合》32185

己巳卜，王其逆执又若？三

己巳，贞：王逆执又若？三

《合》33848　　《合》23347

《合》34101　　《合》23815

己巳，贞：王来执又若？三

《合》32185（局部）　　　　　　　　《合》34715

（二）三者皆负

1. 三者相邻

（1）上下相邻

例：《合》34715

庚午，贞：今夕自亡震？

辛未，贞：今夕自亡震？

甲戌，贞：今夕自亡震？

（2）左右相邻（未发现）

2. 三者相间

（1）上下相间

例：《合》23120

乙亥卜，行，贞：王宾夋亡尤？

丁丑卜，行，贞：王宾夋亡尤？才十一月。

己卯卜，行，贞：王宾夋亡尤？

（2）左右相间（未发现）

3. 三者相距

（1）上下相距（未发现）

《合》23120

（2）左右相距

例：《合》33417

壬辰卜，贞：王往田亡戋？

戊子卜，贞：王往田亡戋？

辛酉卜，贞：王往田亡戋？

4. 三者呈三角形分布（未发现）

二 三卜式选贞

（一）三者皆为正

1. 三者相邻

（1）上下相邻

例：《合》32615

萃叀甲酚？

萃叀乙酚？

萃叀丁酚？

例：《合》24960

贞隹岳𡥈？

贞隹夒𡥈？

贞隹企𡥈？

《合》33417

《合》32615（局部）　　　《合》24960

（2）左右相邻（未发现）

2. 三者相间（未发现）

3. 三者相距

（1）上下相距

例：《合》27445

祝一牛？

二牛？

三牛？

例：《合》27489

叀母先酌？

叀兄先酌？

叀父先酌？

（2）左右相距（未发现）

4. 三者呈三角形分布

例：《合》28180

登尞叀豚？

叀羊？

叀小宰？

例：《合》32028

《合》27445　　《合》27489

《合》28180

《合》32028

辛未，贞：于河萃禾？

辛未，贞：萃禾于岳？

辛未，贞：萃禾于高祖？

（二）三者皆为负

1. 三者相邻

（1）上下相邻

例：《合》29334

叀𤞤田亡𢦏，禽？

叀笁田亡𢦏，禽？

叀郖田亡𢦏？

（2）左右相邻

例：《合》33843

甲申卜，乙雨，乙不雨？

甲申卜，丙雨，丙不雨？

甲申卜，丁雨，［丁不雨？］

《合》29334　　《合》33843

2. 三者相间

（1）上下相间

例：《合》23120（图参见本章）

乙亥卜，行，贞：王宾𣢗亡尤？

丁丑卜，行，贞：王宾𣢗亡尤？才十
一月。

己卯卜，行，贞：王宾𣢗亡尤？

（2）左右相间（未发现）

3. 三者相距

（1）上下相距

例：《合》27920

于丧亡𢦏？

于盂亡𢦏？

于宫亡𢦏？

例：《合》28927

于椌亡𢦏？

《合》27920　　《合》28927

于丧亡戋？

于盂亡戋？

（2）左右相距（未发现）

4. 呈三角形分布（未发现）

三　三卜式对贞

1. 二负一正

（1）左右相距

例：《合》33116

不受又？

丁卯，贞：𠨞伐受又？

不受又？

《合》33116　　　《合》28232　　　《合》28992

（2）上下相距

例：《合》28232

弗受禾？

癸卯卜，今岁受禾？

弗受禾？

（3）上下相邻

例：《合》28992

不蒂雨？吉。

叀丧田省蒂雨？吉。

不蒂雨？

（4）左右相邻（未发现）

（5）上下相间（二者相间一邻）

例：《合》39869

勿乎伐吾？

贞乎伐吾方，受有又？

贞：勿呼伐吾方？

（6）左右相间（未发现）

（7）呈三角形分布

例：《合》33225

王弜稽？一

王其稽？一

王弜稽？一

例：《合》33986

乙未卜，今日启？一

不启？一

不启？一

《合》33986

《合》39869

《合》33225

2. 二正一负

（1）上下相距

例：《合》29874

其雨？

丁卯卜，其不雨？

其雨？

（2）左右相距

例：《合》32695

其莽雨？

丙午，贞：父丁岁不莽雨？

莽雨？

（3）上下相邻

例：《合》34036

癸未，贞：旬亡囚？　二

癸丑，贞：旬亡囚？　二

癸亥，贞：旬亡囚？　二

（4）左右相邻（未发现）

（5）上下相间（未发现）

（6）左右相间（未发现）

（7）呈三角形分布（未发现）

《合》29874　　《合》32695（局部）

四　三卜式补贞

（一）三者皆为正

1. 三者相邻

（1）上下相邻

例：《合》27444

丁丑卜，其又杏丁于父甲？

丁丑卜，父甲杏丁牢？

牢一牛？

《合》34036　　《合》27444

例：《合》27042 正

庚申卜，何，贞：翌辛酉其又妣辛？

庚申卜，何，贞：其牢？

庚申卜，何，贞：其牢又一牛？

（2）左右相邻（未发现）

2. 相间位置（未发现）

3. 相距位置（未发现）

（二）三者皆为负（未发现）

五 三卜式递贞

（一）三者皆为正（未发现）

（二）三者皆为负

1. 相邻位置

（1）上下相邻

例：《合》34725

> 甲午，贞：乙亡囚？
> 乙未，贞：丙亡囚？
> 丙申，贞：丁亡囚？

> 己亥，贞：庚亡囚？
> 庚子，贞：辛亡囚？
> 辛丑，贞：壬亡囚？

（2）左右相邻（未发现）

2. 相间位置（未发现）

3. 相距位置（未发现）

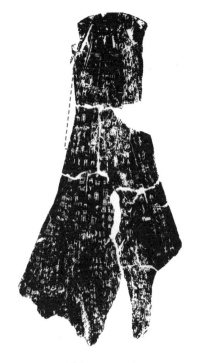

《合》27042 正

《合》34725

第二节　三角关系卜辞

三角关系的卜辞虽然也是三条卜辞的占卜，但是与三卜式选贞或是三卜式重贞是不一样的。三卜式重贞或是选贞是针对一件事情（一个内容）进行三次贞卜，三角关系的卜辞在内容上是形成一个较为复杂的关系。例如：《合》32453，（1）—（2）之间构成补贞，（2）—（3）之间构成选贞，（1）—（3）之间构成补贞。三角关系具体类型阐述如下：

第一，其中两条卜辞形成选贞，又与第三条卜辞形成补贞。

例：《合》32453

（1）甲午卜，其又岁于高祖乙？

（2）甲午卜，高祖乙岁三牢？

（3）五牢？兹用。

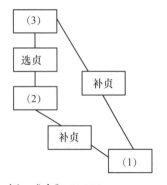

《合》32453

例：《合》32403

（1）辛未卜，又大乙？

（2）辛未卜，又大乙七牢？

（3）辛未卜，又大乙十牢？

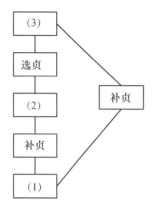

《合》32403　　《合》23155

第二，两条卜辞形成重贞，又分别与第三条形成选贞。

例：《合》23155

（1）甲申卜，行，贞：翌乙酉毓祖乙岁宰？

（2）贞：宰？

（3）贞：三宰？

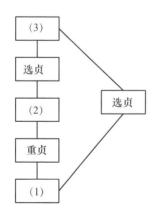

《合》32113（局部）

第三，两条卜辞形成重贞，又分别与第三条形成补贞。

例：《合》32113

（1）丙寅，贞：王又祔岁于祖乙牢一牛？三

（2）丙寅，贞：王又祔岁于父丁牢？三

（3）丙寅，贞：王又祔岁于父丁牢？三

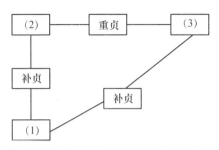

第四，两条卜辞形成补贞，又分别与第三条卜辞形成对贞。

例:《合》24429

（1）辛丑卜，大，贞：今岁受年？

（2）癸卯卜，大，贞：南土受年？

（3）贞：不其受［年］？

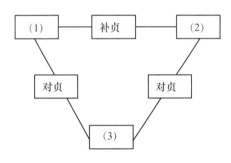

《合》24429

第五，两条卜辞形成选贞，又分别与第三条卜辞形成对贞。

例:《合》34229

（1）丙戌卜，丁亥雨？

（2）不雨？

（3）丙戌卜，戊雨？

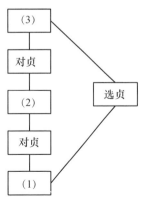

《合》34229

第三节 四卜式卜辞

一 四卜式重贞

1. 上下相邻

例：《合》23807

丙寅卜，王？

丙寅卜，王？

丙寅卜，王？

丙寅卜，王？

例：《合》34050

在祖乙宗？ 二

在祖乙宗？ 二

在祖乙宗？ 二

在祖乙宗？ 二

2. 上下相间（未发现）

3. 上下相距（未发现）

二 四卜式选贞

1. 上下相邻

例：《合》32192

己卯卜，叀乙日？

叀丁日？

叀庚日？

叀辛日？

例：《合》32252

衤伐叀今日甲酒？

于乙卯酒衤伐？

叀丁巳酒衤伐？

于来乙丑酒衤伐？

《合》23807　　　《合》34050

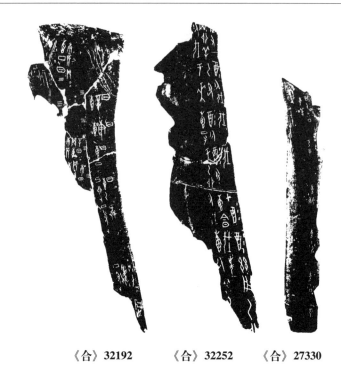

《合》32192　　《合》32252　　《合》27330

2. 上下相距

例:《合》27330

叀小丁?

叀小乙?

叀妣庚?

叀子?

3. 呈矩形分布

例:《合》32461 正

丁雨?

戊雨?

己雨?

庚雨?

例:《合》34154

癸［亥卜］,帝［东］?

癸亥卜,帝西?

《合》32461 正（局部）

癸亥卜，帝南？

癸亥卜，帝北？

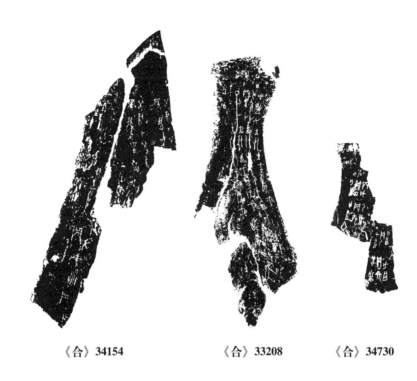

《合》34154 《合》33208 《合》34730

4. 左右相邻

例：《合》33208

甲子卜，王从东戋𢦔戋？

乙丑卜，王从南戋𢦔戋？

丙寅卜，王从西戋𢦔戋？

丁卯卜，王从北戋𢦔戋？

三 四卜式递贞

例：《合》34730

癸未，贞：甲亡田？

甲申，贞：乙亡田？

乙酉，贞：丙亡田？

丙戌，贞：丁亡田？

第四节　四角关系卜辞

四角关系是从卜辞内容之间的关系归纳出来的一种卜辞，四卜式卜辞是围绕一件事情贞卜，从占卜的次数来看，贞卜了四次，而四角关系的卜辞之间的关系就比较复杂，试举几例。

例：《合》32616

（1）莘其上？

（2）莘其下？

（3）莘其下自小乙？

（4）莘其上自祖乙？

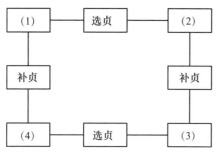

《合》32616

例：《合》32886

（1）辛未，贞：其令射夲即並？

（2）辛未，贞：叀𢆶令即並？

（3）癸酉，贞：其令射夲即並？

（4）癸酉，贞：叀𢆶令即並？

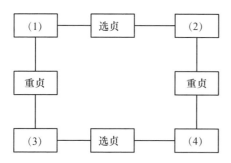

《合》32886

例：《合》33274

（1）癸未卜，甲雨？一

（2）不雨？一

（3）乙酉卜，丁雨？一

（4）不雨？一

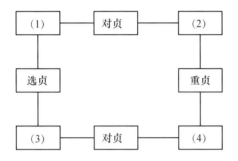

《合》33274

例：《合》34240

（1）癸巳卜，又于？

（2）癸巳卜，又于王亥？

（3）癸巳卜，又于河？

（4）癸巳卜，又于河？

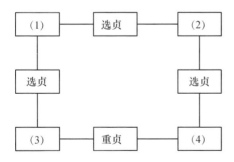

《合》34240

例：《合》28086

（1）壬戌卜，王其寻二方伯？

（2）弜寻？

（3）王其寻二方伯于自辟？

（4）于南门寻？

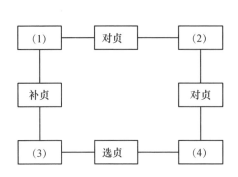

《合》28086

第五节　多卜式卜辞

一　五卜式卜辞

（一）五卜式重贞

例：《合》23893

癸未卜，[王]？

癸未卜，王？

癸未卜，王？

癸未卜，王？

癸未卜，王？

（二）五卜式对贞

1. 三正二负

例：《合》32185

己巳卜，王其逆执又若？三

己巳，贞：王逆执又若？三

《合》23893　　《合》32185（局部）

己巳，贞：王来逆又若？三

弜逆执之若？三

贞：王弜逆执？三

2. 二正三负

例：《合》40162

勿狩？

狩？七月。

勿狩？

狩？

勿狩？

（三）五卜式选贞

例：《合》26907 正

贞：小宰？一

贞：宰？二

贞：二宰？三

贞：三宰？四

贞：五宰？五

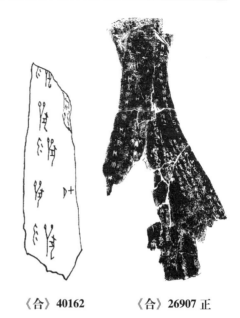

《合》40162　　　《合》26907 正

二　六卜式卜辞

（一）六卜式重贞

例：《合》23971

乙未卜，王？才二月。

乙未卜，王？

乙未卜，王？

乙未卜，王？

乙未卜，王？

乙未卜，王？

（二）六卜式递贞

例：《合》41677

乙酉，贞：［丙］亡［囚］？

丙戌，贞：丁亡囚？

《合》23971　　《合》41677

丁亥，贞：戊亡囚？

戊子，贞：己亡囚？

己丑，贞：庚亡囚？

［庚］寅，贞：辛亡囚？

三　七卜式卜辞

七卜式重贞

例：《合》31289（图参见第十二章第一节）

癸卯卜，大，贞：旬亡囚？　一

癸丑卜，大，贞：旬亡囚？　一

癸亥卜，大，贞：旬亡囚？　一

癸酉卜，大，贞：旬亡囚？　一

癸未卜，大，贞：旬亡囚？　一

癸巳卜，大，贞：旬亡囚？　一

癸卯卜，大，贞：旬亡囚？　一

四　八卜式卜辞

八卜式重贞

例：《合》23865（图参见第十二章第一节）

乙亥卜，王？

乙亥卜，王？

乙亥卜，王？

乙亥卜，王？

乙亥卜，王？

乙亥卜，王？

乙亥卜，王？

乙亥卜，王？

五　九卜式卜辞

九卜式重贞

例：《合》23964（图参见第十二章第一节）

癸巳卜，王？

癸巳卜，王？

癸巳卜，王？

癸巳卜，王？

癸巳卜，王？

癸巳卜，王？

癸巳卜，王？

癸巳卜，王？

癸巳卜，王？

六　十卜式卜辞

十卜式重贞

例：《合》24665（图参见第十二章第一节）

癸未卜，王？在四月。

癸未卜，王？

癸未卜，王？

癸未卜，王？

癸未卜，王？

癸未卜，王？

癸未卜，王？

癸未卜，王？

癸未卜，王？

癸未卜，王？

第十七章

第二至五期卜辞文例研究应用价值举例

第一节　补足残辞

通过对殷墟甲骨第二至五期卜辞文例的研究，现举例说明卜辞文例规律在甲骨残辞补缺中的作用。

一　根据文例推断及补足同版上的残辞

（一）根据对贞来推断和补足残辞

例：《合》30812

（1）弜乙亥酚？

（2）乙亥其酚又正？

（3）弜乙亥酚？

（4）叀乙未酚又正？

（5）弜乙未酚？

（6）叀乙未酚又正？

（7）弜乙未酚？

（2）与（3）、（4）与（5）、（6）与（7）分别是上反下正型的对贞，并且（4）（5）（6）（7）为是复杂类型中的重复对贞。从骨版上来看在第一条卜辞之下残缺了，这残缺的部分我们可以根据上反下正型对贞和重复对贞的文例来推断出其残缺的部分应该是：乙亥其酚又正。

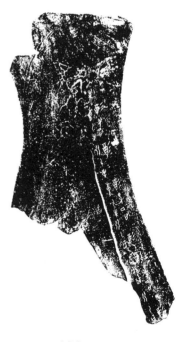

《合》30812

那么此骨版上应该是有八条卜辞，它们应该是：

（1）［乙亥其酌又正？］

（2）弜乙亥酌？

（3）乙亥其酌又正？

（4）弜乙亥酌？

（5）叀乙未酌又正？

（6）弜乙未酌？

（7）叀乙未酌又正？

（8）弜乙未酌？

这八条卜辞分别每两条之间构成上反下正型对贞，然后（1）和（3）、（2）和（4）、（5）和（7）、（6）和（8）之间构成重贞。最后（1）（2）（3）（4）与（5）（6）（7）（8）又构成一组选贞。其卜辞的意思是：贞问了两次：在乙亥日这天是否进行酌祭？又贞问了两次：在乙未日这天是否进行酌祭？合起来就是：是在乙亥日这天，还是在乙未日这天进行酌祭？

《合》29913

例：《合》29913

（1）今日癸…

（2）今日癸其雨？

（3）翌日甲不雨？

（4）甲其雨？

（3）与（4）是上正下反型的对贞，（2）在（1）的上边，是肯定句，根据我们上正下反型的对贞规律，可以推断出（1）为：今日癸［不雨］？这四条卜辞是在同一日用正反贞问的形式来贞卜癸日与甲日是否会下雨。

（二）根据重贞来推断和补足残辞

例：《合》31390

（1）癸卯卜，狄，贞：旬亡囚？

（2）癸丑卜，狄，贞：旬无亡囚？

（3）癸亥卜，狄，贞：旬亡囚？

（4）癸酉卜，狄，贞：旬亡囚？

（5）…狄…囚？

前四条卜辞是邻旬重贞卜辞，从最后一条卜辞残留下的"囚"字可见第（5）条也是卜旬卜辞。那么其贞卜的时间是什么时候呢？前四条卜辞都是邻旬贞卜的，根据干支表推断其癸酉日接下来的一旬是癸未日，那么通过这些可以推断出残缺的卜辞是：［癸未卜］，狄，［贞旬亡］囚？这五条卜辞是上下相邻的邻旬重贞卜辞。

例：《合》40929

（1）癸…贞今…

（2）甲申卜，秀，贞：今夕亡囚？

（3）乙酉卜，秀，贞：今夕亡囚？

根据（2）与（3）的上下相邻的邻日重贞以及（1）所残留的卜辞，可以推断出（1）卜辞应该与（2）（3）同样构成邻日的重贞，且根据干支表可知甲申日前一日是癸未日，那么这条卜辞应该是：癸［未卜，秀］，贞：今［夕亡囚］？

《合》31390　　　《合》40929

（三）根据选贞来推断和补足残辞

例：《合》33112

（1）癸亥卜，王叀或比？

（2）…王叀望乘比？

（3）癸亥卜，王叀人征？

（4）丙申卜，弗疾？

（5）丙申卜，其疾？

（6）乙丑卜，王叀或比？

（7）乙丑卜，…叀望…比？

从（1）与（2）的命辞可见，此组卜辞是一组选

《合》33112

贞卜辞。（7）虽然是一条残辞，但是我们仍然可以看出（6）与（7）是一组同日的选贞卜辞。再观察（1）与（2）、（6）与（7）可见它们四者构成一组重贞卜辞，即是重复选贞。这样我们就可以利用（2）命辞的完整来补残（7）卜辞，那么（7）应该是：乙丑卜，〔王〕更望〔乘〕比？既然（6）与（7）是同日的选贞，（1）与（2）、（6）与（7）又是重复选贞，从这些我们就可以补充出（2）应该是：〔癸亥卜〕，王隹望乘比？

《合》**30861**

　　例：《合》30861

　　（1）更辛…酻？

　　（2）更辛酉酻？

　　（3）更辛未酻？

　　（2）与（3）是上下相邻的选贞，选择贞问：酒祭是在辛酉还是辛未这天进行？

　　第（1）条"辛"字下面残缺了，我们仔细查看第（2）条与第（3）条发现，辛酉与辛未正好是邻旬，再通过干支纪年来推算，辛酉前一旬是辛亥，那么我们由此可推断出第（1）条卜辞应该是：更辛亥酻。

　　三条卜辞正好是上下相邻且自左向右刻写的选贞卜辞。

　　《摹释总集》第一条卜辞的释文是："更辛酻。"从我们以上通过选贞的文例规律来看，补全的应该是："更辛〔亥〕酻。"

二　根据卜辞文例推断和补足不同版上的残辞

　　例：《合》32187 与《合》32189 中有的卜辞是相同的，有的卜辞是这版残缺，而在另一版上是完整的，并且此二版是同套卜辞，那么我们就可以分别利用这版完整的部分去推断另一版上不完整的部分，即残辞互补。

《合》32187　　　　　　《合》32189

所以推断出《合》32187 与《合》32189 的卜辞分别如下：

《合》32187

（1）壬戌卜，乙丑用侯屯？一
（2）壬戌卜，用侯屯自上甲…一
（3）癸亥卜，乙丑用侯屯？一
（4）癸［亥卜］，乙丑易日？［一］
（5）不易日？［一］
（6）于来乙亥用屯？一
（7）于［来乙亥］用［屯］？［一］
（8）于甲戌用屯？一
（9）于［甲戌用侯屯］？［一］
（10）［…用侯屯…五示十…］［一］

《合》32189

（1）［壬戌卜，乙丑用侯屯？］
　　［三］
（2）［壬戌卜，用侯屯自上甲…］
　　［三］
（3）［癸亥卜，乙丑用侯屯？］
　　［三］
（4）癸亥卜，乙丑易日？三
（5）不易日？三
（6）于来乙亥用屯？三
（7）于来乙亥用屯？三
（8）于甲戌用屯？三
（9）于甲戌用侯屯？三
（10）…用侯屯…五示十…

例：《合》32615 与《合》32616

《合》32616 是比较完整的骨版，然而《合》32615 存在残缺，其中第一条、第九条、第十条卜辞是残缺的，它们分别是"（1）辛…，（9）弜…，（10）叀…"。因为《合》32615 与《合》32616 是同套卜辞，所以我们可以由完整的合 32616 来推断出《合》32615 中的残辞：

原《合》32615

（1）辛…
（2）弜比？
（3）叀其上？
（4）叀其下？
（5）叀其下自小乙？ 一
（6）叀更甲酌？ 一
（7）叀更乙酌？
（8）叀更丁酌？
（9）弜…
（10）叀…
（11）丁亥。兹用

原《合》32616

（1）辛未，贞在亏牧来告辰御
　　其比史受…三
（2）弜比？ 三
（3）叀其上？ 三
（4）叀其下？ 三
（5）叀其下自小乙？ 三
（6）叀更甲酌？
（7）叀更乙酌？
（8）叀更丁酌？
（9）弜即宗？
（10）叀其上自祖乙？
（11）叀其即宗于上甲…

由此我们推断出《合》32615 的残辞分别应该是：（1）辛〔未，贞在亏牧来告辰御其比史受…〕；（9）弜即宗？（10）叀其上自祖乙？

例：《合》34229 与《合》34230

《合》34229 是比较完整的骨版，然而《合》34230 存在残缺，其中有两条残缺卜辞，它们分别是（1）辛…岳…，（2）辛亥…弗岳…弜又…？因为《合》34229 与《合》34230 是同套卜辞，所以我们可以由完整的《合》34229 来推断出《合》34230 中的残辞卜辞应该是：

（1）辛亥卜，岳其叀，又岳？ 三

（2）辛亥卜，岳弗叀禾，弜又岳？ 三

〈合〉32615　　　　〈合〉32616

〈合〉34230　　　　　　〈合〉34229

第二节　校订释文和卜辞分条

通过甲骨卜辞文例的研究，可以校订其中一些释文书中的不当之处。例如：《殷墟甲骨刻辞摹释总集》（以下简称《摹释总集》）和《甲骨文合集释文》（以下简称《释文》）是研究甲骨文必备的工具书，其体例和内容都是比较完善的，但是其中也存在一些不当之处。

一　利用一般文例校订

例：《合》23002①（对贞）

《摹释总集》释文如下：

（1）己巳卜行贞王宾艺裸亡囚

（2）庚午卜行贞王宾艺裸亡囚

（3）贞亡尤才十一月

（4）贞亡尤才十一月

（5）庚子卜行曰贞翼辛丑其侑夂岁于祖辛

（6）贞翼辛丑其侑祖辛宰

（7）贞翼辛丑祖辛岁夂牛

（8）贞毋侑才正月

（9）贞二宰

（10）贞弜夂

疑第（10）条中"夂"字有误，查原片此字，既像"夂"字，又像"勹"字。我们结合文例看，此条与第（7）条"贞翼辛丑岁勹牛"是明显的上下相邻的对贞，那么就可以很肯定的知道此字应该是"勹"，而非"夂"。

同时《摹释总集》没有按照文例来排列释文，我们从下往上读，首先是一组上下相邻的

《合》**23002**

对贞："(1)庚子卜,行曰贞:翼辛丑其侑 **久** 岁于祖辛。(2)贞毋侑。才正月。"接着是一组上下相邻的选贞:"(1)贞翼辛丑其侑祖辛宰。(2)贞二宰。"最后是一组上下相邻的对贞:"(1)贞翼辛丑祖辛岁匆牛。(2)贞弜匆。"

所以按照文例排列释文应该是:

(1)己巳卜,行,贞:王宾艺襣亡国?

(2)贞:亡尤?才十一月。

(3)庚午卜,行,贞:王宾艺襣亡国?

(4)贞:亡尤?才十一月。

(5)庚子卜,行曰贞:翼辛丑其侑 **久** 岁于祖辛?

(6)贞:毋侑?才正月。

(7)贞:翼辛丑其侑祖辛宰?

(8)贞:二宰?

(9)贞:翼辛丑祖辛岁匆牛?

(10)贞:弜匆?

例:《合》22605(对贞)

《释文》所释如下:(省略写了其中3条卜辞释文)

(2)贞:毋又?才七月。三

(3)己巳卜,行,贞:翼庚午其又 **久** 伐于妣庚羌三十,其卯三宰?四

(4)贞:毋?才七月。五

《合》22605

《摹释总集》所释如下:(省略写了其中3条卜辞释文)

(2)贞毋佑才七月

(3)贞毋在才七月

(4)己巳卜行贞翼庚午其有 **久** 伐于妣庚羌三十其卯三宰

仔细观察原片从下往上读的第(3)条"毋"字后面比较模糊,而我们可以从《释文》的(2)与(3)的命辞看出二者是一组对贞卜辞。我们再将(2)、(3)与(4)合起来看,其实三条卜辞命辞内容是一组上下相邻的二正一反的对贞卜辞。由此我们就可以推断出《释文》中第

（4）条卜辞应该是：贞：毋侑？才七月。我们认为应该将其"侑"字补出，然而《摹释总集》和《释文》都没有将其补出。

同时，我们可以根据对贞卜辞的关系以及《释文》中第（3）条完整卜辞来说明《摹释总集》释文中将𠂤字隶定为"佑"是错误的。第（2）条卜辞中是说：要不要对妣庚进行侑祭？且两者是对贞卜辞，那么显然《摹释总集》第（1）条的𠂤字应该隶定为"侑"，而非"佑"。其次，《摹释总集》中的释文的排列顺序没有按照文例来排列。所以我们认为应该是：

（2）贞毋侑。才七月。三

（3）己巳卜，行，贞：翼庚午其侑𠂤伐于妣庚羌三十其卯三宰。四

（4）贞毋侑。才七月。五

例：《合》26210①（重贞）

《摹释总集》释文如下：

（1）癸酉卜行贞今夕亡𡆥才十二月

（2）甲戌卜行贞今夕亡𡆥才十一月

（3）乙亥卜行贞今夕亡𡆥才十二月

（4）丙子卜行贞今夕亡𡆥

（5）丁丑卜行贞今夕亡𡆥才十一月

（6）戊寅卜行贞今夕亡𡆥

（7）己卯卜行贞今夕亡𡆥

（8）庚辰卜行贞今夕亡𡆥才十二月

《合》26210

我们怀疑：为什么在癸酉日这天贞卜是十二月，而在甲戌日这天贞卜又是十一月，在乙亥日这天贞卜，又回到十二月？我们发现癸酉、甲戌、乙亥三日是相邻的三日，在相邻三日为什么会是不同月份呢？难道是在十二月的癸酉日进行贞卜后，在十一月的甲戌日再进行贞卜？再查看原片发现原片上有点模糊，到底是十一月还是十二月？在原片上不是很好确定。但是我们整体观察此片胛骨可以发现，贞卜的是：今夕有没

---

① 《甲骨文合集释文》及《甲骨文校释总集》中都已校正。

有灾祸的？再看癸酉、甲戌、乙亥、丙子、丁丑、戊寅、己卯、庚辰这八日是相邻的八日。我们根据文例来看，应该是相邻的八日内连续的重贞。既然是相邻的八日内连续重贞，那么《摹释总集》的月份就是错误的。对于原片上有点模糊的问题，我们认为很有可能是"十二月"中的有一横画与其中的分界线相重合造成的。

所以正确释文应该是：

（1）癸酉卜，行，贞今夕亡囚。才十二月。

（2）甲戌卜，行，贞今夕亡囚。才十二月。

（3）乙亥卜，行，贞今夕亡囚。才十二月。

（4）丙子卜，行，贞今夕亡囚。

（5）丁丑卜，行，贞今夕亡囚。才十二月。

（6）戊寅卜，行，贞今夕亡囚。

（7）己卯卜，行，贞今夕亡囚。

（8）庚辰卜，行，贞今夕亡囚。才十二月。

例：《合》30866（选贞）

《摹释总集》所释如下：

（1）叀…酓…大雨

（2）叀丙酓有大雨

（3）…丁酓…大雨

《合》30866

《摹释总集》第（3）条卜辞释文是（3）…夕丁酓…大雨？这样解释是因为将第（3）条"![字]"字，所残留的此字的最底部的"![符]"误认为了是"![符]"。从以上分析可知，《摹释总集》的释文显然是错误的。

第（2）与（3）条，我们从"丙酓"与"丁酓"可以猜想，这两条卜辞是选贞，贞卜内容是："丙日还是丁日进行酒祭？"第（1）条卜辞是："叀…酓…大雨？"我们可以根据第（2）条完整的卜辞和第（1）条卜辞所残位置来设想第（1）条卜辞。它有三种可能：第一，（1）与（2）是重贞卜辞，那么（1）卜辞就是："叀丙酓有大雨。"第二，（1）与（2）是对贞卜辞，那么（1）卜辞就是："叀丙酓无大雨。"第三，（1）与（2）是选贞卜辞，那么（1）卜辞就是："叀…酓有大雨。"但是我们再结合第（3）条卜辞来看，是选贞的可能性是最大的。那么这样三条卜辞就可以构成一组上下相邻的且自右向左刻写的选贞卜辞。同时我们可以通过"丙"与"丁"是相邻的时间来推算出第一条的时间应该是"乙"。另外在《摹释总集》的释文中没有区分"叀"与"惟"字，将其均视为"惟"，我们认为"叀"与"惟"是有区别的，应该区分开。

那么这三条选贞卜辞应该是：（1）叀［乙］酓［有］大雨。

（2）叀丙酓有大雨。

（3）叀丁酓［有］大雨。

例：《合》40928

《释文》如下：

（1）甲午，贞旬癸［巳］…

（2）癸卯卜，王，贞旬亡囚。甲辰彡延祭于上甲。

（3）…王…囚…祭上甲。

《合》**40928**

这三条卜辞中仅有第二条卜辞是完整的，此卜辞是自右向左刻写的。而《释文》（1）是自左向右读的，这显然是不正确的，正确的应该是：（1）癸巳…贞旬…甲午…

从第二条卜辞与其余的残辞就可以看出，这几条卜辞是卜旬卜辞，先贞问本旬有没有灾祸？接着在甲日对某位甲先王进行祭祀。这几条卜辞应该是选贞卜辞。从第一条的癸巳与第二条的癸卯日贞卜，可见是邻旬选贞，借助干支表就知道第三条的贞卜时间是癸丑日；从第一条的甲午与第二条的甲辰日祭祀，可见均是在贞卜之日的接下来一日对先王进行祭祀，那么第三条对先王进行祭祀的日子应该是甲寅日；从第一条与第二条祭祀的都是上甲，我们可以推断出第一条残辞中祭祀的应该是上甲。

根据其上下相邻选贞卜辞的文例可以帮助我们补残此片甲骨。补残之后应该是：

（1）癸巳［卜］，［王］，贞：旬［亡囚］。甲午［彡延祭于上甲］。

（2）癸卯卜，王，贞：旬亡囚。甲辰彡延祭于上甲。

（3）［癸丑卜］，王，［贞：旬亡］囚。［甲寅彡延］祭上甲。

例：《合》32329正（补贞）

《摹释总集》释文如下：

（1）…贞甲子酓王大禦于大甲燎六十小牢卯九牛

（2）癸丑贞甲寅酚大禦自上甲燎六十小牢卯…

（3）上甲不遘雨

（4）大乙不遘雨

（5）大丁遘雨

（6）庚申贞今来甲子酚王大禦于大甲燎六十小牢卯九牛不遘雨

（7）庚申贞酚…禦…

《摹释总集》将其释文分作6条，通过我们观察原片我们认为应该分作5条，其中第（3）（4）（5）应该合并为一条卜辞。我们可知第（1）条与第（6）条卜辞之间是一种左右相间且行款相反的一组补贞卜辞。其中第（6）条卜辞是第（2）条卜辞的补充。两句合起来就是：在下个甲子日进行酚祭，并且大规模的用燎六十小牢、卯九牛的方式从上甲开始进行禦祭，不会遇到下雨吗？如果我们将（3）（4）（5）合并为一条卜辞，那么此条合并后的卜辞就与第（2）条卜辞之间形成一组左右相邻行款相同的补贞卜辞。两句合起来就是：在接下来的甲寅日进行酒祭，并大规模的用燎六十小牢、卯九牛的方式从上甲开始进行禦祭；紧接着进行补充贞问："上甲（进行禦祭时）不会遇到下雨吗？大乙不会遇到下雨吗？大丁会遇到下雨吗？"

同时《摹释总集》的释文没有按照贞卜的时间先后来解释。此片甲骨顺序比较乱，不能是按照自下而上或是自右而左的方向来释读，在这种情况下我们就需要通过观察贞卜的时间来对其卜辞进行释读。在此片中均是在一个时间贞卜下一个时间会发生什么事情，癸丑日中贞卜甲寅日会发生什么事情，在庚申日贞卜甲子日会发生什么事情；其中癸丑日在庚申日之前，甲寅日又在甲子日之前。通过这些我们认为此片正确的释文应该是①：

（1）癸丑，贞：甲寅酚，大禦自上甲燎六十小牢卯…三

---

① 《甲骨文合集释文》已有校正。

《合》32329 正

（2）上甲不遘雨，大乙不遘雨，大丁遘雨。

（3）…贞：甲子酚，王大禦于大甲，燎六十小牢卯九牛。

（4）庚申，贞：今来甲子酚，王大禦于大甲，燎六十小牢卯九牛，不遘雨。三

（5）庚申，贞：酚…禦…三

二　利用同套卜辞校订

例：《合》34229

其中一条卜辞《释文》中的释文是："己卯，贞己蓥。"《摹释总集》中的释文是："己卯贞岳蓥。"两本释文书出现差异，我们根据《合》34230可以推断出《释文》与《摹释总集》均解释有误。

《合》34230 与《合》34229 是同套卜辞，我们便可以利用较为清晰的《合》34230 来校订《摹释》与《释文》的错误。《合》34229 正确的释文应该是："己卯，贞无蓥？"

《合》34230

《合》34229

结　语

第一节　创新点总结

鉴于甲骨卜辞文例研究的成果已经较多，所以本书力图在前人研究成果的基础上有所突破和创新。本书在以下几个方面进行了思考和探究。

一　研究思路和方法的创新

1. 按照分期断代研究的新思路，对甲骨卜辞文例进行比较详尽的研究。

2. 对甲骨卜辞类型进行了更详尽地分类，例如：从选贞中划分出"补贞"，提出了"递贞""连环递贞""重复补贞""对补""补对""连对"等几种新的卜辞类型。

3. 对卜辞文例进行了专题研究，分为重贞、对贞、选贞、补贞进行专题研究，其内容包括卜辞的对称与不对称、正负关系、刻写位置等；另外对多卜式卜辞进行专题研究，包括三卜式卜辞、四卜式卜辞、多卜式卜辞以及三角关系、四角关系的研究。

4. 提出了卜法文例研究的三个平面，对"三角关系的卜辞""三卜式卜辞""三角排列的卜辞"三个概念的区别和联系进行探讨，并对其进行专题研究。对"两正一负""两负一正"等特殊文例进行了更加详尽地研究和探讨。

5. 把数学中的"象限""对称"（包括"轴对称"和"中心对称"）等概念引入进甲骨学文例的研究中，对"千里路"进行更详尽地研究。

6. 对第一期大版龟甲和比较完整的龟甲的卜辞类型进行数学统计，对对贞的类型也进行数学统计，对第二至五期大版胛骨的类型进行数学统计，并对重贞、对贞、选贞进行统计分析。

7. 在分析卜辞位置时，除了传统的相对、相邻、相间外，提出了相距和斜向位置，把斜向位置又细分为斜对、斜距、斜邻三种类型。

8. 对文例研究的成果进行应用研究，通过我们大量阅读甲骨片的实践和文例研究的成果，总结了阅读甲骨片的经验，对普通读者可能会有所启发。通过对甲骨卜辞文例的研究，利用卜辞文例规律，来推断补足残辞，校订释文。

二　提出的新认识

1. 提出对贞有二卜式对贞、三卜式对贞（包括两正一负和两负一正）和多卜式对贞（包括正一负多和负一正多），并由此推断武丁时期的占卜制度是以二卜制为主，单卜制、二卜制、三卜制、多卜制并存的局面。

2. 三卜式卜辞与《周易》八卦、六卜式卜辞与《周易》六十四卦之间有相似对应关系，推断三卜式卜辞就是《周易》八卦的源头，八卦是三卜式卜辞抽象化、符号化的结果。从武丁时期的二卜到三卜再到多卜（并存混合使用），一直到《周易》的六卜，它们之间有着发展演变的关系，其总趋势是：混合不定→筛选定型。笔者第六章的研究，为屈万里等人提出的"易卦源于龟卜"的观点提供了比较有参考价值的证据。

3. 武丁时期人们的"轴""心"意识和"对称"观念已经形成，并且在社会生活实践中开始自觉追求、自觉创造对称美。

4. 提出古今对"左""右"方位观念的差别，体现了"以物为本"和"以人为本"两种不同的哲学观念。

5. 提出了"卜轮""卜次""卜遍"三个概念，这三个概念的提出也许会有助于甲骨学界重新认识甲骨片上的数字。

三　新的发现

文中的新发现，各个章节都有，举典型的例子如下：

1. 对贞卜辞有龟甲正面与背面的卜辞形成对贞的情况。

2. 胛骨中也有"斜对"和"三角排列"的卜辞。

3. 除胛骨外，龟甲中也有相间排列的形式。

4. 胛骨的刻写除了相邻、相间外，还有二邻一间，二邻一距等形式。

5. 第二章第四节对贞的排列形式，第六节重复对贞的排列形式。

6. 第六章第四节三角关系的卜辞，第五节三角排列的卜辞。

7. 我们通过甲骨卜辞文例的规律，校订了《殷墟甲骨刻辞摹释总集》和《甲骨文合集释文》中的一些不当之处。

当然，由于知识水平的局限，我们提出的创新点可能前人早已提过，也可能还欠周密妥当，还有待于学术界继续研究探讨。

第二节　尚有争议的问题

在研究过程中，我们发现了一些尚有争议的问题，略举几例：

问题一：《合》9735、《合》9738、《合》9742 正、《合》9745 四版卜辞之间是否有联系？如果有联系，是否可以看作异版对选或异版对补？（见本书第一章）

甲午卜，延，贞东土受年。
一　二　三　二告　四　五　六　七
甲午卜，延，贞东土不其受年。
一　二　三　四　二告　五　六

甲午卜，亘，贞南土受年。［一　二］　三　四　五
甲午［卜］，［亘］，［贞南土不其受年］。

甲午卜，宾，贞西土受年。一　二　三　四　五　六　［七］
贞西土不其受年。一　二　二告　三　四　二告　五　六

甲午卜，宁，贞北土受年。［一］二　三　四　五　［六］
甲午卜，宁，贞北土不其受［年］。
［一］　二　三　四　五　六　二告

这四组卜辞，每组卜辞都是一组对贞，如果合起来就形成"四项并列"式的选贞或补贞。

（1）如果是四项并列式的选贞，就表示：东南西北究竟哪一方的土地会有好的收成？

（2）如果是四项并列式的补贞，就表示：四方的土地是否会有好的收成？

但是因贞人不同，也有可能是四组没有关系的对贞，《合》9735 贞问

东方的土地是否会有好的收成，《合》9735 贞问南方的土地是否会有好的收成、《合》9738 贞问西方的土地是否会有好的收成、《合》9742 正贞问北方的土地是否会有好的收成。

如果认为它们有联系，是"对选"或"对补"关系，就意味着在甲午这天可能是四位贞人（延、亘、宁、宁）同时占卜，每人卜问一个方位的情况。在以农业生产为主要经济活动的时代，这种情况是有可能发生的，可以设想，在甲午这天，大王想预测一下全国各地的农业收成情况，就召集四位卜师，每人卜问一个方位的情况。之所以要这样卜问，原因可能有三点：

第一，可能是因为当时的人们有自然神崇拜观念，他们认为天地四方都有相应的主宰神，天有天神，地有土神，各方有主宰各方的方位神。由于当时把占卜看得非常神圣，要想卜问四方的情况，按照当时的礼仪，可能先要拜祭相应方向的方位神，然后才能占卜。于是就由一个占卜团队分工合作，每位卜师主持拜祭一尊方位神，并负责卜测相应方位的农业收成情况。这样占卜，有很强的仪式感，显得神圣而又隆重。

第二，从后边刻写的数字和"二告"可以看出，每位卜师都占卜了很多次，并且多次向神灵告祭，他们并不是单纯占卜，而是祭告神灵与占卜同时交织进行，这个过程持续的时间会很长，如果让一位卜师全部完成，既劳累又费时间，如果是四位卜师分工占卜，符合王公和卜师的正常身心状况。另外，在向神灵告祭时，可能会在每个方向设一个祭台，每个祭台得有一个人来主持，如果让一位卜师来主持，则忙不过来。

第三，在古人构拟出的虚拟神灵世界里，他们和常人一样，渴望独享尊宠，如果让一位卜师同时向四位方位神祭告并祈望方位神显灵最后得到好的占卜结果，这不符合当时人们想象中的神灵的心理和意愿，如果让四位卜师分工合作，每位卜师只负责向一位方位神祭告并占卜相应方位的情况，这样会让每一方的方位神都得到一种独享尊宠的感觉，这才符合神灵的心理和意愿，只有首先让神灵的心理和意愿得到满足，神灵才会显灵出现好的占卜结果，并庇护其土地上的人民，农业生产活动中才会风调雨顺。

这个问题有待于继续讨论，并期待找到更多的例证。

问题二：《合》9774 正中的一组对贞是否可以看成中心对称？

（1）癸丑卜，𣪊贞：遘受年？二月

（2）贞：遘不其受年？

这两条卜辞一条刻于腹中线的上侧，一条刻于腹中线的下侧，其中有两个字刻在腹中线上。尽管它们并没有通过龟甲的中心形成中心对称，但是就龟甲的右侧这半部分来说，依据中心对称的概念，一个图形旋转180°与另一个图形重合，就是中心对称，这两条卜辞，一条旋转180°就与另一条基本重合，是否可以近似地将它们看作中心对称？这个问题有待商榷。

问题三：关于"卜轮、卜次、卜遍"的划分是否科学？

在探讨武丁时期的占卜制度时，笔者提出了三个概念：卜轮、卜次、卜遍。这组概念是否科学，有待于继续探讨。

问题四：部分对贞卜辞的正负问题怎样确定？

有的学者认为占卜者所希望的是正卜，占卜者所不希望的是负卜，正卜并非皆肯定表述，负卜亦非皆否定表述，但是由于占卜涉及的事情比较多，很难确定哪些是占卜者所希望的，哪些是占卜者所不希望的，所以本书从语言形式上来区分正负，凡加奇数个否定词的都把它当作负卜，不加否定词或加偶数个否定词的都把它当作正卜。究竟怎样确定正卜与负卜，这个问题有待于继续研究探讨。

通过对殷墟甲骨刻辞文例的研究，我们既有新的认识和发现，也发现了一些新的问题，由于时间、精力的不足，书中的研究存在着一些不足之处，这也是今后要进一步努力去研究、发现、修改、完善的地方。

参考文献

（每类均以第一作者姓氏首字母为序）

一 工具类（包括工具书、拓片著录书、释文书和丛书）

曹锦炎、沈建华：《甲骨文校释总集》，上海辞书出版社 2006 年版。

陈年福：《殷墟甲骨文辞类编》，四川辞书出版社 2021 年版。

陈年福：《殷墟甲骨文摹释全编》，线装书局 2010 年版。

郭沫若主编：《甲骨文合集》，中华书局 1978—1982 年版。

韩江苏、石福金：《殷墟甲骨文编》，中国社会科学出版社 2017 年版。

何景成：《甲骨文字诂林补编》，中华书局 2017 年版。

胡厚宣主编：《甲骨文合集·材料来源表》，中国社会科学出版社 1999 年版。

胡厚宣主编：《甲骨文合集释文》，中国社会科学出版社 1999 年版。

李学勤、齐文心、［美］艾兰：《英国所藏甲骨集》，中华书局 1985 年、1992 年版。

李宗焜：《甲骨文字编》，中华书局 2012 年版。

刘钊等编：《新甲骨文编》（增订本），福建人民出版社 2014 年版。

刘钊主编：《传承中华基因——甲骨文发现一百二十年来甲骨学论文精选及提要》，商务印书馆 2021 年版。

彭邦炯：《甲骨文合集补编》，语文出版社 1999 年版。

沈建华、曹锦炎：《甲骨文字形表》，上海辞书出版社 2008 年版。

［日］松丸道雄、［加］高岛谦一：《甲骨文字字释综览》，东洋文化研究所丛刊第 13 辑 1993 年版。

宋镇豪：《百年甲骨学论著目》，语文出版社 1999 年版。

宋镇豪、段志洪：《甲骨文献集成》，四川大学出版社 2001 年版。

（汉）许慎：《说文解字》，中华书局 2004 年版。

王蕴智：《甲骨文可释字形总表》，河南美术出版社 2017 年版。

吴镇烽编著：《商周铜器铭文暨图像集成》，上海古籍出版社 2012 年版。

徐中舒：《甲骨文字典》，四川辞书出版社 1989 年版。

姚孝遂、肖丁：《殷墟甲骨刻辞摹释总集》，中华书局 1988 年版。

姚孝遂、肖丁：《殷墟甲骨刻辞类纂》，中华书局 1989 年版。

于省吾：《甲骨文字释林》，中华书局 1979 年版。

于省吾主编：《甲骨文字诂林》，中华书局 1996 年版。

张玉金：《甲骨文虚词词典》，中华书局 1994 年版。

赵 诚：《甲骨文简明词典》，中华书局 1988 年版。

中国国家博物馆：《中国国家博物馆馆藏文物研究丛书·甲骨卷》，上海
古籍出版社 2007 年版。

中国社会科学院考古研究所编：《甲骨文编》，中华书局 1965 年版。

中国社会科学院考古研究所编：《殷墟花园庄东地甲骨》，云南人民出版
社 2003 年版。

《中国语言学大辞典》编委会：《中国语言学大辞典》，江西教育出版社
1991 年版。

二 专著类

白于蓝：《殷墟甲骨刻辞摹释总集校订》，福建人民出版社 2004 年版。

蔡哲茂：《甲骨缀合集》，台北：乐学书局 1999 年版。

蔡哲茂：《甲骨缀合续集》，台北：文津出版社 2004 年版。

蔡哲茂：《甲骨缀合汇编（图版篇）》，台北：花木兰文化出版社 2011
年版。

蔡哲茂：《蔡哲茂学术文集》，台北：花木兰文化出版社 2021 年版。

陈剑：《甲骨金文考释论集》，线装书局 2007 年版。

陈梦家：《殷虚卜辞综述》，科学出版社 1956 年版。

邓飞：《商代甲金文时间范畴研究》，人民出版社 2013 年版。

邓佩玲：《新出两周金文及文例研究》，上海古籍出版社 2019 年版。

董作宾：《殷历谱》，中央研究院历史语言研究所专刊石印本 1945 年版。

董作宾：《骨文例》，《董作宾先生全集》（甲编第 3 册），台北艺文印书馆 1977 年版。

方稚松：《殷墟甲骨文五种记事刻辞研究》，线装书局 2009 年版。

方稚松：《殷墟甲骨文五种外记事刻辞研究》，上海古籍出版社 2021 年版。

郭沫若：《卜辞通纂》，《郭沫若全集·考古编》第二卷，科学出版社 2017 年版。

郭沫若：《甲骨文字研究》，《郭沫若全集·考古编》第一卷，科学出版社 2017 年版。

何会：《殷墟王卜辞龟腹甲文例研究》，中国社会科学出版社 2020 年版。

胡厚宣主编：《甲骨文与殷商史》（第二辑），上海古籍出版社 1986 年版。

胡厚宣主编：《甲骨学商史论丛初集》，河北教育出版社 2002 年版。

黄德宽：《古文字学》，上海古籍出版社 2019 年版。

黄德宽等：《古汉字发展论》，中华书局 2014 年版。

黄天树：《黄天树古文字论集》，学苑出版社 2006 年版。

黄天树：《殷墟王卜辞的分类与断代》，文津出版社 1991 年版；科学出版社 2007 年版。

黄天树主编：《甲骨拼合集》，学苑出版社 2010 年版。

黄天树主编：《甲骨拼合续集》，学苑出版社 2011 年版。

黄天树主编：《甲骨拼合三集》，学苑出版社 2013 年版。

黄天树：《黄天树甲骨金文论集》，学苑出版社 2014 年版。

黄天树主编：《甲骨拼合四集》，学苑出版社 2016 年版。

黄天树：《古文字研究——黄天树学术论文集》，人民出版社 2018 年版。

黄天树主编：《甲骨拼合五集》，学苑出版社 2019 年版。

黄天树：《黄天树甲骨学论集》，中华书局 2020 年版。

黄寿祺：《周易译注》，上海古籍出版社 2004 年版。

李达良：《龟版文例研究》，《甲骨文献集成》（第十七册），四川大学出版社 2001 年版。

李发：《甲骨军事刻辞整理与研究》，中华书局 2018 年版。

李峰、吕卫东：《美学概论》，中国农业大学出版社 2004 年版。

［韩］李旼妠：《甲骨文例研究》，台湾古籍出版有限公司 2003 年版。

李学勤：《古文字学初阶》，中华书局 1985 年版。

李学勤：《缀古集》，上海古籍出版社 1998 年版。

李学勤：《当代学者自选文库——李学勤卷》，安徽教育出版社 1999 年版。

李学勤：《中国古代文明十讲》，复旦大学出版社 2003 年版。

李学勤：《李学勤早期文集》，河北教育出版社 2008 年版。

李学勤：《文物中的古文明》，商务印书馆 2008 年版。

李学勤：《周易溯源》，巴蜀书社 2011 年版。

李学勤、彭裕商：《殷墟甲骨分期研究》，上海古籍出版社 1996 年版。

刘丹青：《语言学前沿》，上海教育出版社 2005 年版。

刘风华：《殷墟村南系列甲骨卜辞的整理与研究》，上海古籍出版社 2014 年版。

刘一曼：《殷墟考古与甲骨学研究》，云南人民出版社 2019 年版。

刘一曼、韩江苏：《甲骨文书籍提要》（增订本），上海古籍出版社 2017 年版。

刘影：《殷墟胛骨文例》，首都师范大学出版社 2016 年版。

刘钊：《古文字构形学》，福建人民出版社 2006 年版。

彭裕商：《殷墟甲骨断代》，中国社会科学出版社 1994 年版。

裘锡圭：《古文字论集》，中华书局 1992 年版。

裘锡圭：《中国出土古文献十讲》，复旦大学出版社 2004 年版。

裘锡圭：《裘锡圭学术文集·甲骨文卷》，复旦大学出版社 2015 年版。

（清）阮元：《经籍纂诂》，中华书局 1982 年版。

（清）阮元：《十三经注疏》，中华书局 1980 年版。

沈建华：《初学集——沈建华甲骨学论文选》，文物出版社 2008 年版。

沈培：《殷墟甲骨卜辞语序研究》，文津出版社 1992 年版。

沈之瑜：《甲骨文讲疏》，上海书店出版社 2002 年版。

宋镇豪：《夏商社会生活史》（增订版），中国社会科学出版社 2005 年版。

宋镇豪主编：《甲骨文与殷商史》新 1 辑，线装书局 2008 年版。

宋镇豪：《商代社会生活与礼俗》，中国社会科学出版社 2010 年版。

孙亚冰：《殷墟花园庄东地甲骨文例研究》，上海古籍出版社 2014 年版。

孙诒让：《契文举例》，吉石盦丛书本一册 1917 年版；又收入《甲骨文献集成》第 7 册。

唐兰：《天壤阁甲骨文存考释》，辅仁大学影印本二册 1939 年版；又收入《甲骨文献集成》第 2 册。

王晖：《古文字与中国早期文化论集》，科学出版社 2017 年版。

王宇信：《甲骨学通论》，中国社会科学出版社 1993 年版。

王宇信、王绍东：《殷墟甲骨文》，文物出版社 2016 年版。

王宇信、［韩］具隆会：《甲骨学发展 120 年》，中国社会科学出版社 2019 年版。

王宇信、杨升南：《甲骨学一百年》，社会科学文献出版社 1999 年版。

王蕴智：《殷墟甲骨刻辞文式导读》，河南美术出版社 2016 年版。

王子杨：《甲骨文字形类组差异现象研究》，中西书局 2013 年版。

魏慈德：《殷墟花园庄东地甲骨卜辞研究》，台湾古籍出版有限公司 2006 年版。

吴浩坤、潘悠：《中国甲骨学史》，上海人民出版社 1985 年版。

谢明文：《商周文字论集续编》，上海古籍出版社 2022 年版。

谢湘筠：《殷墟第十五次发掘所得甲骨研究》，台湾政治大学，硕士学位论文，2008 年。

许进雄：《卜骨上的钻凿形态》，台北：艺文印书馆 1973 年版。

许进雄：《甲骨上钻凿形态的研究》，台北：艺文印书馆 1979 年版。

严一萍：《甲骨学》，台北：艺文印书馆 1978 年版。

杨恩寰：《美学引论》，人民出版社 2005 年版。

杨升南：《甲骨文商史丛考》，线装书局 2007 年版。

杨树达：《词诠》，中华书局 1954 年版。

杨郁彦：《甲骨文合集分组分类总表》，台北：艺文印书馆 2005 年版。

叶朗：《美学原理》，北京大学出版社 2009 年版。

姚萱：《殷墟花园庄东地甲骨卜辞的初步研究》，线装书局 2006 年版。

喻遂生：《甲金语言文字研究论集》，巴蜀书社 2002 年版。

于省吾：《契文例》稿本，1939—1945 年版。

张秉权：《甲骨文与甲骨学》，台北“国立编译馆”1988 年版。

张岂之：《中国历史》，高等教育出版社 2004 年版。

张玉金：《甲骨文语法学》，学林出版社 2001 年版。

张玉金：《20 世纪甲骨语言学》，学林出版社 2003 年版。

郑继娥：《甲骨文祭祀卜辞语言研究》，四川出版集团巴蜀书社 2007
　　年版。

赵鹏：《殷墟甲骨文人名与断代的初步研究》，线装书局 2007 年版。

中国社会科学院考古研究所编著：《殷墟发掘报告（1958—1961）》，文物
　　出版社 1987 年版。

周鸿翔：《卜例对贞述例》，香港万有书局 1969 年版。

朱歧祥：《殷墟卜辞句法论稿——对贞卜辞句型变异研究》，台湾学生书
　　局 1990 年版。

朱歧祥：《殷墟花园庄东地甲骨校释》，东海大学中文系语言文字研究室
　　2006 年版。

朱歧祥：《殷墟花园庄东地甲骨论稿》，里仁书局 2008 年版。

三　论文类

白玉峥：《殷墟第十五次发掘成组卜甲》，《董作宾先生逝世十四周年纪念
　　刊》，台北：艺文印书馆 1978 年版；又收入《枫林读契集》，台北：艺
　　文印书馆 1989 年版。

蔡哲茂：《甲骨文合集的同文例》，《大陆杂志》1988 年第 76 卷第 5 期。

蔡哲茂：《甲骨同文例研究举例》，四川联合大学历史系编《徐中舒先生
　　百年诞辰纪念文集》，巴蜀书社 1998 年版。

曹定云：《论安阳殷墟发现的"易卦"卜甲》，《殷都学刊》1993 年第
　　4 期。

曹锦炎：《中甲刻辞——武丁时代的另一种记事刻辞》，《东南文化》1999
　　年第 5 期。

曹锦炎：《甲骨文合文研究》，《古文字研究》第 19 辑，中华书局 1992
　　年版。

曹兆兰：《龟甲占卜的某些具体步骤及几个相关问题》，《容庚先生百年诞
　　辰纪念文集》（古文字研究专号），广东人民出版社 1998 年版。

曹兆兰：《殷墟龟甲占卜的某些步骤试探》，《考古与文物》2004 年第
　　3 期。

常玉芝：《晚期龟腹甲卜旬卜辞的契刻规律及意义》，《考古》1987 年第

10 期。

常耀华：《重论 YH251.330 卜辞》，《中国史研究》1996 年第 4 期。

常耀华：《YH25L330 卜辞研究》，《中国文字》新 23 期，台北：艺文印书馆 1997 年版；又收入《殷墟甲骨非王卜辞研究》。

常耀华：《YH25L330 同文卜辞再检讨》，《殷都学刊》1998 年第 4 期。

晁福林：《商代易卦筮法初探》，《考古与文物》1997 年第 5 期。

［日］成家彻郎：《新出土殷墟花园庄东地甲骨的冲击（上）——以往分类方法暴露出来的局限和缺点》，《纪念徐中舒先生诞辰 110 周年国际学术研讨会论文集》，2009 年版。

丁骕：《殷贞卜之格式与贞辞允验辞之解释》，《中国文字》新 2 期，香港艺文印书馆 1980 年版。

董作宾：《商代龟卜之推测》，《安阳发掘报告》1929 年第 1 期；又收入《甲骨文献集成》第 17 册。

董作宾：《大龟四版考释》，《安阳发掘报告》1931 年第 3 期；又收入《甲骨文献集成》第 6 册。

董作宾：《帚矛说——骨臼刻辞研究》，《安阳发掘报告》1933 年第 4 期；又收入《甲骨文献集成》第 17 册。

董作宾：《甲骨文断代研究例》，《中央研究院庆祝蔡元培先生六十五岁论文集》，历史语言研究所集刊第一种 1933 年版。

董作宾：《安阳侯家庄出土之甲骨文字》，李济主编：《田野考古报告》1936 年第 1 册。

董作宾：《骨文例》，《中研院历史语言研究所集刊》，1936 年第 7 本 1 分；又收入《甲骨文献集成》第 17 册。

董作宾：《骨臼刻辞再考》，《“中研院”院刊》第 1 辑，《庆祝朱家骅先生六十岁论文集》，1954 年版；又收入《甲骨文献集成》第 18 册。

董作宾：《殷代文例分“常例”“特例”二种说》，《董作宾先生全集》（乙编第 5 册），台北：艺文印书馆 1977 年版。

冯时：《殷代占卜书契制度研究》，《探古求原——考古杂志社成立十周年纪念学术文集》，科学出版社 2007 年版。

葛亮：《一百二十年来甲骨文材料的初步统计》，《汉字汉语研究》2019 年第 4 期。

郭沫若：《残辞互足二例》，收入《古代铭刻汇考·殷契余论》，日本东京文求堂书店石印本 1933 年版；又收入《郭沫若全集·考古编》第一卷，科学出版社 1982 年版。

郭沫若：《骨臼刻辞之一考察》，收入《古代铭刻汇考续编》，日本东京文求堂书店石印本 1934 年版；又收入《郭沫若全集·考古编》第一卷。

何汉南：《周易爻字考释》，《甲骨文献集成》（第十七册），四川大学出版社 2001 年版。

何会：《殷墟宾组卜辞正反相承例研究》，首都师范大学，硕士学位论文，2009 年。

胡光炜：《甲骨文例》，《胡小石论文集》（三编），上海古籍出版社 1995 年版。

胡厚宣：《八十五年来甲骨文材料之再统计》，《史学月刊》1984 年第 5 期。

胡厚宣：《卜辞记事文字史官签名例》，《中央研究院历史语言研究所集刊》，1948 年第 12 本；后收入《甲骨文献集成》（第十八册），四川大学出版社 2001 年版。

胡厚宣：《卜辞同文例》，《中央研究院历史语言研究所集刊》，1947 年第 9 本。

胡厚宣：《卜辞杂例》，《中央研究院历史语言研究所集刊》，1939 年第 8 本 3 分。

胡厚宣：《大陆现藏之甲骨文字》（遗稿），《中央研究院历史语言研究所集刊》，1996 年第 67 本第 4 分。

胡厚宣：《武丁时五种记事刻辞考》，《甲骨学商史论丛初集》第三册，成都齐鲁大学国学研究所专刊之一 1944 年版。

胡云凤：《由同文例解决几版甲骨释读的问题》，《古文字研究》第 26 辑，中华书局 2006 年版。

黄天树：《读契杂记（三则）》，北京师范大学民俗典籍文字研究中心编：《陆宗达先生百年诞辰纪念文集》，中国广播电视出版社 2005 年版。

黄天树：《关于卜骨的左右问题》，《纪念王懿荣发现甲骨文 110 周年国际学术研讨会论文集》，社会科学文献出版社 2009 年版。

黄天树：《殷墟龟腹甲形态研究》，《北方论丛》2009 年第 3 期。

黄天树：《甲骨形态学》，《甲骨拼合集》附录三，学苑出版社 2010 年版。

黄天树、方稚松：《甲骨缀合九例》，《汉字研究》第 1 辑，学苑出版社 2005 年版。

黄锡全：《"告"、"吉"辨——甲骨文中一告、二告、三告、小告与吉、大吉、弘吉的比较研究》，《研究生论文集刊》（社会科学版）1982 年第 1 期；又收入《甲骨文献集成》第 18 册。

蒋玉斌：《甲骨文献整理（两种）》，《古籍整理研究学刊》2003 年第 3 期。

蒋玉斌：《殷墟子卜辞的整理与研究》，吉林大学，博士学位论文，2006 年。

蒋玉斌：《说殷墟卜辞的特殊叙辞》，2010 年 10 月 2 日在台湾召开的"2010 中华甲骨文学会创会 20 周年庆国际名家书艺展暨学术论文研讨会"上宣读，并收入该会论文集。

蒋玉斌：《蒋玉斌甲骨缀合总表》，中国社会科学院历史研究所先秦史研究室网站，http：//www. xianqin. org，2011 年 3 月 20 日。

李爱辉：《殷墟同文卜辞的初步整理和研究》，首都师范大学，硕士学位论文，2010 年。

李善贞：《甲骨文同文例研究》，台湾政治大学，硕士学位论文，1989 年。

李栋：《早周骨甲所刻易卦筮符综说》，《甲骨文献集成》（第十七册），四川大学出版社 2001 年版。

李学勤：《帝乙时代的非王卜辞》，《考古学报》1958 年第 1 期；又收入氏著《李学勤早期文集》，河北教育出版社 2008 年版。

李学勤：《关于甲骨的基础知识》，《历史教学》1959 年第 7 期；又收入氏著《李学勤早期文集》。

李学勤：《论宾组胛骨的几种记事刻辞》，收入《英国所藏甲骨集》（下编·上册），中华书局 1992 年版。

李学勤：《宾组卜辞的一种文例》，《南开大学历史第七十五周年纪念文集》，南开大学出版社 1997 年版。

李学勤：《〈合集〉32921 和甲骨分期》，《殷都学刊》1999 年第 1 期；又收入《甲骨文献集成》第 16 册。

林宏明：《小屯南地甲骨研究》，台湾政治大学，博士学位论文，2003 年。

林宏明：《“正反互足例”对释读卜辞的重要性》，《第八届中国训诂学全国学术研讨会论文集》，2007 年版。

林宏明：《宾组骨首刻辞与左右胛骨的关系》，《出土文献研究视野与方法》第一辑，台北秀威信息科技发行 2009 年版。

林沄：《小屯南地发掘与殷墟甲骨断代》，《古文字研究》第 9 辑，中华书局 1984 年版；又收入《林沄学术文集》，中国大百科全书出版社 1998 年版。

刘春娟：《甲骨文对贞卜辞的语用研究》，西南大学，硕士学位论文，2010 年。

刘风华：《小屯南地甲骨大版之卜辞关系对比研究》，《殷都学刊》2021 年第 4 期。

刘海琴：《甲骨文“合文”判断方法的初步研究——以花园庄东地甲骨“合文”为例》，《传统中国研究集刊》第四辑，上海人民出版社 2008 年版。

刘新民：《殷墟甲骨第一期卜辞文例研究》，西南大学，硕士学位论文，2008 年。

刘义峰：《无名组卜辞的整理与研究》，中国社会科学院研究生院，博士学位论文，2008 年。

刘一曼：《殷墟兽骨刻辞初探》，《殷墟博物苑苑刊》（创刊号），中国社会科学出版社 1989 年版。

刘一曼：《试论殷墟甲骨书辞》，《考古》1991 年第 6 期。

刘一曼：《殷墟近出刻辞甲骨选释》，《考古学集刊》第 18 集，科学出版社 2010 年版。

刘影：《典宾类骨首卜辞与骨扇卜辞对贞的文例》，《中国国家博物馆馆刊》2011 年第 3 期。

刘源：《读契札记》，在 2010 年 5 月北京师范大学历史学院中国古代史研究中心召开的“商周文明”学术研讨会上宣读。刘源：《试论殷墟花园庄东地卜辞的行款》，《故宫博物院院刊》2005 年第 1 期。

刘源：《读殷墟花园庄东地甲骨卜辞札记二则》，《东方考古》第 4 集，科学出版社 2008 年版。

刘渊临：《殷墟“骨简”及其有关问题》，《“中研院”历史语言研究所集刊》第 39 本上册，《庆祝李方桂先生六十五岁论文集》，1969 年；又收入《甲骨文献集成》第 29 册。

刘云：《甲骨、金文中的"𦬠"读"祷"说辨析》，《古文字研究》（第三十四辑），中华书局 2022 年版。

刘钊：《古文字中的合文、借笔、借字》，《古文字研究》第 21 辑，中华书局 2001 年版。

柳东春：《殷墟甲骨文记事刻辞研究》，台湾大学中国文学研究所，硕士学位论文，1989 年。

乃俊廷：《论花园庄东地甲骨中界划的施用情形》，逢甲大学中文系主编：《第十七届中国文字学全国研讨会论文集》，台湾圣环图书股份有限公司 2006 年版。

彭邦炯：《书契缺刻笔划再探索》，《甲骨文发现一百周年学术研讨会论文集》，台北：文史哲出版社 1999 年版。

彭裕商：《非王卜辞研究》，《古文字研究》第 13 辑，中华书局 1986 年版。

彭裕商：《殷代卜法新探》，《夏商文明研究》，中州古籍出版社 1995 年版；又收入《甲骨文献集成》第 17 册。

彭裕商：《历组卜辞补论》，《古文字研究》第 21 辑，中华书局 2001 年版。

濮茅左：《卜辞释序分析二例》，《古文字》第 1、2 期合，上海青年古文字学社油印本 1980 年 8 月 15 日；又《中原文物》1983 年第 3 期。

［日］崎川隆：《"字排特征"的观察对殷墟甲骨文字体分类研究的重要性》，《古文字研究》第 28 辑，中华书局 2010 年版。

齐航福：《〈甲骨文合集补编·释文〉校勘》，郑州大学，硕士学位论文，2003 年。

齐航福、章秀霞：《〈甲骨文合集补编〉著录重片分期勘订》，《殷都学刊》2004 年第 1 期。

齐文心：《历组胛骨记事刻辞试释》，《中国史研究》1991 年第 4 期；又收入《甲骨文献集成》第 18 册。

裘锡圭：《甲骨文中重文和合文重复偏旁的省略》，《古文字论集》，中华书局 1992 年版。

裴锡圭：《甲骨文字特殊书写习惯对甲骨文考释的影响举例》，《古文字论集》，中华书局 1992 年版。

裴锡圭：《说"以"》，《古文字论集》，中华书局 1992 年版。

裴锡圭：《再谈甲骨文中重文的省略》，《古文字论集》，中华书局 1992 年版。

裴锡圭：《论殷墟卜辞"多毓"之"毓"》，《中国商文化国际学术研讨会论文集》，中国大百科全书出版社 1998 年版。

屈万里：《甲骨文从比二字辨》，《甲骨文献集成》（第十八册），四川大学出版社 2001 年版。

屈万里：《易卦源于龟卜考》，《考古》1987 年第 10 期。

饶宗颐：《殷代易卦及有关占卜诸问题》，《文史》1983 年第 20 期。

尚秀妍：《再读胡厚宣先生〈五种记事刻辞考〉》，《殷都学刊》1998 年第 3 期；又收入《甲骨文献集成》第 40 册。

［韩］申永子：《花园庄东地甲骨文干支字形考察——与董作宾〈甲骨文断代研究例〉的干支字形比较》，《中国文字研究》2008 年第 1 辑，大象出版社 2008 年版。

沈培：《殷墟卜辞正反对贞的语用学考察》，《汉语史研究：纪念李方桂先生百年冥诞论文集》（《语言暨语言学》专刊外编之二），"中研院"历史语言学研究所、美国华盛顿大学 2005 年版。

沈培：《殷卜辞中跟卜兆有关的"见"和"告"》，《古文字研究》第 27 辑，中华书局 2008 年版。

沈培：《商代占卜中命辞的表述方式与人我关系的体现》，《古文字与古代史》第二辑，"中研院"历史语言研究所 2009 年版。

沈之瑜、濮茅左：《殷墟卜辞的辞式与辞序》，《古文字研究》第 18 辑，中华书局 1992 年版；又收入沈之瑜《甲骨文讲疏》、陈秋辉编《沈之瑜文博论集》、《甲骨文献集成》第 18 册。

宋瑞珊：《殷墟何组卜辞的初步整理》，首都师范大学，硕士学位论文，2009 年。

宋镇豪：《殷代"习卜"和有关占卜制度的研究》，《中国史研究》1987 年第 4 期。

宋镇豪：《论古代甲骨占卜的"三卜"制》，《殷墟博物苑苑刊》1989 年创刊号。

宋镇豪：《再论殷商王朝甲骨占卜制度》，《中国历史博物馆馆刊》1999年第 1 期。

宋镇豪：《殷商王朝甲骨占卜制度的研究》，《炎黄春秋增刊·炎黄文化研究》1999—2000 年第 6、7 期。

孙亚冰：《百年来甲骨文材料统计》，《故宫博物院院刊》2006 年第 1 期。

唐兰：《卜辞时代的文学和卜辞文学》，《清华学报》1936 年第 11 卷第3 期。

唐兰：《关于"尾右甲"卜辞》，《国学季刊》1937 年第 5 卷第 3 期；又收入《甲骨文献集成》第 17 册。

王蕴智、齐航福：《〈甲骨文合集补编〉著录片校重（上）》，《殷都学刊》2003 年第 1 期。

王蕴智、齐航福：《〈甲骨文合集补编〉著录片校重（下）》，《殷都学刊》2003 年第 2 期。王蕴智、门艺：《关于黄组纺祭卜辞性质的考察——附祐祭甲骨缀合六例》，《郑州大学学报》（哲社版）2008年第 3 期。

王子杨：《甲骨文旧释"凡"之字绝大多数当释为"同"——兼谈"凡"、"同"之别》，《出土文献与古文字研究》第五辑，上海古籍出版社 2013 年版。

魏慈德：《花园庄东地甲骨卜辞的几组同文例》，《东华人文学报》2004年第 7 期。

魏建震：《从两条卜辞同用前辞例看甲骨文的契刻》，王宇信等主编：《纪念王懿荣发现甲骨文 110 周年国际学术研讨会论文集》，社会科学文献出版社 2009 年版。

夏国强：《"文例"之研究》，新疆师范大学，硕士学位论文，2007 年。

萧良琼：《卜辞文例与卜辞的整理和研究》，《甲骨文与殷商史》第二辑，上海古籍出版社 1986 年版。

萧楠：《安阳殷墟发现"易卦"卜甲》，《考古》1989 年第 1 期。

徐中舒：《数占法与〈周易〉的八卦》，《中国文字研究》第十六辑，中华书局 1983 年版。

张秉权：《卜龟腹甲的序数》，《"中研院"历史语言研究所集刊》，1956年第28本上册。

张秉权：《论成套卜辞》，《"中研院"历史语言研究所集刊外编（第四种上册）·庆祝董作宾先生六十五岁论文集》，1960年版。

张秉权：《甲桥刻辞探微》，《汉学研究》1984年第2卷2期。

张桂光：《花园庄东地卜骨刻辞行款略说》，《花园庄东地甲骨论丛》，2005年甲骨学国际学术研讨会论文集，台北圣环图书股份有限公司2006年版。

张军涛：《21世纪以来的甲骨缀合》，《殷都学刊》2021年第4期。

张惟捷：《〈殷虚文字丙编〉校勘稿（附摹本）》，中国社会科学院历史研究所先秦史研究室网站（http：//www. xianqin. org），发表于2009年5月20日至2010年3月17日。

章念：《殷墟甲骨第二至五期卜辞文例研究》，西南大学，硕士学位论文，2010年。

章秀霞：《〈甲骨文合集补编〉释文续校一百例》，《平原大学学报》2006年第23卷第5期。

章秀霞：《花东卜辞行款走向与卜兆组合式的整理和研究》，《纪念王懿荣发现甲骨文110周年国际学术研讨会论文集》，社会科学文献出版社2009年版。

章秀霞：《从花东甲骨看殷商时期甲骨占卜中的若干问题》，《中州学刊》2010年第6期。

张亚初、刘雨：《从商周八卦数字符号谈筮法的几个问题》，《考古》1981年第2期。

张怡：《殷墟出组卜辞的整理与研究》，郑州大学，硕士学位论文，2009年。

张玉金：《甲骨卜辞中语气词"唯"与"惠"的差异》，《辽宁师范大学学报》（社科版）1985年第6期。

张玉金：《甲骨卜辞中"惠"和"唯"的研究》，《古汉语研究》（创刊号）1988年第1期。

张玉金：《释殷墟甲骨文中的"彭"》，《古文字研究》（第三十四辑），中华书局2022年版。

张玉金:《殷商时代宜祭的研究》,《殷都学刊》2007 年第 2 期。

朱歧祥:《论训释古文字的方法——文例研究》,《台湾师范大学第二届国际暨第四届全国训诂学研讨会论文集》,1998 年版。

后 记

　　书稿快出版了，想写点什么，话不知该从何说起，那就从我的求学经历说起吧。6 岁入学，当时的小学只有 5 年，11 岁上初一，14 岁考上陕西省城固师范学校，17 岁中师毕业，成为一名农村小学教师。工作之余，参加高等教育自学考试（主考院校为西北大学），自考本科毕业，2005 年考上西南大学硕士研究生，师从喻遂生教授，一直读到博士毕业。

　　2006 年冬天，导师喻遂生教授带领我们阅读甲骨拓片时，我问喻老师："甲骨卜辞除了左右对贞外，有没有上下对贞？"喻老师说："这个问题就交给你来研究，你去查查，看看到底有没有上下对贞。"从那时，我开始阅读《甲骨文合集》中的拓片，渐渐发现了一些新奇的现象。到了2007 年春天，经过一两个月的思考和讨论，我们四个同学共写了四十多个硕士学位论文题目，我初步选定了八个题目，但是当时犹豫不决，不知道到底做哪个好，就冒昧用电子邮件发送给清华大学李学勤先生，向李先生请教，李先生让他的学生任会斌博士很快便给我回信了，李先生建议说："硕士论文应结合打好学习基础。"

　　今天回想起来，自己当时很鲁莽，一个硕士论文选题的小问题，怎么能去打扰李先生呢？后来，我才发现我们当时写的那些题目大多都是很有价值的，我们没做的题目，有些题目别人写成了学位论文，有的出版了专著，有的申请成功了高级别的科研项目。这才明白，其实，几乎每个问题都可以深入研究下去，只是自信不自信，愿不愿意下功夫的问题。

　　李先生的建议很有道理，硕士论文应结合打好学习基础，我就下定决心做文例研究，由于做这个题目必须逐片阅读大量甲骨拓片，更有利于打好学习基础。从那时起我把大量时间投入到对甲骨原拓片的研读之中，先后共用八个月时间，读完了殷墟第一期31023片甲骨片，原计划要把五期55406片全部读完，但是由于时间原因，只读完了第一期。在阅读原片的过程中，一边读一边做笔记，总结规律，思路渐渐清晰。到2007年12月初，我把论文的初稿交给导师。

2007年冬天去北京考博，考博竞争很激烈，不幸落榜。2008年6月硕士毕业，在北京打工一年，先在北大南门外租房，后在清华大学里面租房子，一有空就在清华上自习，只要李学勤先生有课就去蹭课，受益匪浅。2009年又考回了西南大学，继续攻读博士学位。这时才得知我的一个师妹章念在接着我的硕士论文继续做文例研究。2010年有机会去复旦大学出土文献与古文字研究中心访学，访学期间，我继续逐片阅读《甲骨文合集》，这样累计读完了《甲骨文合集》《甲骨文合集补编》中的5万多片甲骨拓片。

后来和师妹章念商量，将两人的硕士学位论文进行修改，合成一本书出版，但是顾虑重重，工作之后，忙忙碌碌，时间被分割成碎片，很难再有整块的时间去做研究，差点就放弃了。2019年秋季，有幸到北京大学中文系做访问学者研究，期间与导师李宗焜先生探讨，我担心现在流行分组分类研究，分期研究还有没有意义？李先生认为分期与分组分类是两个不同的概念和研究思路，各有各的作用，李先生的指点使我坚定了信念。另外，我曾逐片阅读了《甲骨文合集》与《甲骨文合集补编》中的5万多片甲骨拓片，阅读过程中的确有一些新的发现，从本书稿中所列举的甲骨卜辞排列刻写的各种样式就可以看出，有些新奇的样式可能是读者没有见过的，这也坚定了努力修改使书稿出版的信念。

这本书给人的感觉是把一大堆图片剪辑堆积到了一起，文章里面没有多少理论性的东西。这些图片是我们从5万多片甲骨片中用心挑选出来的，非常不容易。这些图片也不是简单的堆积，而是有机地组合在一起，形成了一个相对完整的文例系统。一个读者如果把本书中的这几百幅甲骨图片全部读懂，熟悉了甲骨卜辞刻写排列布局的各种怪异形式，再去阅读《甲骨文合集》与《甲骨文合集补编》中那些拓片，可能会少走很多弯路，阅读起来也会轻松容易得多。

本书的出版，需要感谢的人很多。首先要感谢的是我硕博阶段的导师喻遂生教授，还有复旦访学期间的导师刘钊教授，美国访学期间的导师艾兰教授，北大访学期间的导师李宗焜先生，四位导师的教诲将会终生铭记！感谢已经仙逝的李学勤先生和毛远明先生！感谢求学过程中有缘遇到的诸位老师的赐教！感谢学界同仁的指点启迪！感谢领导们的关心照顾！感谢同事们的帮助支持！感谢亲友们的挂念祝福！需要感谢的人很多，篇幅所限，就不一一写名字了。总之，大家的帮助和支持，点点滴滴都会铭记在心！

　　西安财经大学科研处和文学院分别资助一部分出版经费，使得本书顺利出版，在此特别予以致谢！

　　硕士论文完稿时，遇上了"5·12"汶川大地震，本书修改校对时，遇上了新冠病毒感染疫情，虽然天时不利，但是"天时不如地利，地利不如人和"，"人和"是战胜一切困难的法宝。回想过去艰辛的奋斗历程，感慨万千，从中师生到博士毕业，从乡村小学教师奋斗到高校教师，这期间的曲折和坎坷只有自己心里清楚。每一步前进，除了自己的努力外，更重要的是曾得到了那么多师长、领导、同事、同学、亲朋好友的支持和帮助，再次对所有支持帮助我成长进步的各级领导、诸位师长、各位同事、各位同学以及众亲友表示诚挚地感谢和永恒地祝福！

　　本书上编由刘新民完成，下编由章念完成。感谢章念师妹的积极配合，认真修改！

　　感谢中国社会科学出版社，感谢责编安芳老师的细心编校！

　　水平所限，书中错误不足之处，敬请批评指正！

刘新民

二○二二年十月于古城西安